ANNOTATED RENDERINGS

OF 100 SELECTED PASSAGES FROM

A MANUAL OF FRENCH COMPOSITION

T0370575

ANNOTATED RENDERINGS

OF 100 PASSAGES SELECTED FROM

A MANUAL OF FRENCH COMPOSITION

BY

R. L. GRÆME RITCHIE

PROFESSOR OF FRENCH IN THE UNIVERSITY OF BIRMINGHAM

AND

JAMES M. MOORE

LECTURER IN FRENCH IN THE UNIVERSITY OF EDINBURGH

CAMBRIDGE

AT THE UNIVERSITY PRESS

1921

CAMBRIDGE
UNIVERSITY PRESS

University Printing House, Cambridge CB2 8BS, United Kingdom

Cambridge University Press is part of the University of Cambridge.

It furthers the University's mission by disseminating knowledge in the pursuit of education, learning and research at the highest international levels of excellence.

www.cambridge.org
Information on this title: www.cambridge.org/9781316606872

First published 1921
First paperback edition 2016

A catalogue record for this publication is available from the British Library

ISBN 978-1-316-60687-2 Paperback

PREFACE

THESE Annotated Renderings of half the passages in our *Manual* are published in the hope that teachers may find them useful. The versions offered are in their present form the result of long discussion with students and friends. The notes contain brief explanations, possible variants, and quotations in support of the rendering preferred. These quotations are drawn so far as possible from books which our students are likely to have read, and many seem necessary for self-defence. It is idle to say that such or such phrase is 'not French' when it is shown to occur, with the meaning required, in standard French authors.

To illustrate varying methods, several friends have kindly contributed the versions which appear above their initials. We would express again here our thanks to our collaborators, in particular to Mr Berthon, who since the publication of the *Manual* has taken an active interest in our work, and has frequently suggested improvements on our versions, all of which he has read in proof.

We are also much indebted to Miss J. J. Milne and Mr de Satgé for kindly revising the proofs.

R. L. G. R.
J. M. M.

June 1921.

LIST OF CONTRIBUTORS

H. E. B. H. E. Berthon, Esq., M.A., M.V.O., Taylorian Lecturer in French in the University of Oxford. Nos. XVII, XXVI, LXXII, LXXIII, LXXV, CIII, CXVIII, CXLV, CLV, CLVI.

L. E. K. L. E. Kastner, Esq., M.A., Professor of French in the University of Manchester. Nos. LX, LXVIII, CXXXIX.

E. L. Monsieur Émile Legouis, Docteur ès Lettres, Professor of English in the University of Paris. No. CLXXXVI.

H. L. Mademoiselle Henriette Legouis, Agrégée de l'Université, Professeur d'anglais au Lycée de Jeunes Filles, Mulhouse. No. LXIX.

D. M. Sir Donald MacAlister, K.C.B., LL.D., Principal of the University of Glasgow. Nos. XV, LXXXIII.

L. P. Monsieur Léon Pitoy, Licencié ès Lettres, Lecturer in French in the University of Glasgow. No. CLXXI.

de V. P.-P. de V. Payen-Payne, Esq., Principal of the South Kensington Coaching College. Nos. CLIII, CXCVI.

P.C.H.de S. Monsieur P. C. H. de Satgé, French Master, Eton College. Nos. III, X, LI.

F. J. T. Monsieur F. J. Tanquerey, Docteur ès Lettres, Lecturer in French in the University of St Andrews. No. CXCII.

W. T. Monsieur Walter Thomas, Docteur ès Lettres, Professor of English in the University of Lyons. Nos. XLVI, XLVII, CXCI, CXCV.

Acknowledgements are due to the following Authors and Publishers, who have kindly allowed us to publish French translations of extracts from the undernoted copyright works:

The Right Hon. Augustine Birrell and Mr Elliott Stock, *Bookworms* and *Dr Johnson*.

Messrs Cassell & Co., R. L. Stevenson's *Kidnapped*; Archibald Forbes's *Memories*.

Messrs Chatto & Windus, R. L. Stevenson's *New Arabian Nights* and *Travels with a Donkey in the Cévennes*.

Mr Joseph Conrad and Mr Ford Madox Hueffer, *Romance*.

Mr Rudyard Kipling and Messrs Macmillan & Co., *Many Inventions*.

Messrs Longmans, Green & Co., Andrew Lang's *Mystery of Mary Stuart*; William Morris's *News from Nowhere*.

Messrs Macmillan & Co., P. G. Hamerton's *Intellectual Life*; Mr Thomas Hardy's *Under the Greenwood Tree*; Walter Pater's *Marius the Epicurean* and *Notes on Leonardo da Vinci*.

Mr John Masefield, *Captain Margaret* and *Multitude and Solitude*.

The Houghton Mifflin Company, Julian Hawthorne's *Fortune's Fool*.

The representatives of the late George Gissing through Mr James B. Pinker, *Private Papers of Henry Ryecroft*.

Messrs Seeley, Service & Co., R. L. Stevenson's *Edinburgh*.

Mr John Murray, Mrs Humphry Ward's *Robert Elsmere* and Sir Arthur Conan Doyle's *History of the Great Boer War*.

Mrs Rachael Annand Taylor and the Editor of *The British Weekly*, *A College Chapel*.

Miss White and the Oxford University Press, William Hale White ('Mark Rutherford')'s *Pages of a Journal*.

Messrs Morrison & Gibb, Mr Justin H. M'Carthy's *Introduction* to Florio's Translation of *Montaigne's Essays*.

Monsieur L. Paul Dubois and Messrs Hachette, Extracts from the works of H. Taine.

LIST OF PASSAGES SELECTED

PRINCIPAL ABBREVIATIONS USED

Cent. Dict. : 'The Century Dictionary.'

cp. : compare.

Dict. gén. : Hatzfeld, Darmesteter et Thomas, *Dictionnaire général de la Langue française.*

l. c. and *loc. cit.* : *locus citatus*, passage quoted (above).

o. c. and *op. cit.* : *opus citatum*, work quoted (above).

L. : Littré, *Dictionnaire de la Langue française.*

Lat. : Latin.

N.L. and *Nouv. Lar.* : *Nouveau Larousse Illustré.*

'Man.' : *Manual of French Composition* (Cambridge University Press).

'F.P.' : *French Prose from Calvin to Anatole France* (Dent).

O.E.D. : 'The Oxford English Dictionary.'

sb. : substantive.

s. v. : *sub voce.*

'Tr.' and 'Trans.': *Translation from French* (Cambridge University Press).

var. : variant(s.

vb. : verb.

= : equivalent to.

)(: as contrasted with.

N.B. *Erroneous renderings are shown by double inverted commas.*

ANNOTATED RENDERINGS

I. PRINTEMPS.

Vous connaissez si bien mon genre de vie que je n'ai pas besoin de vous le décrire : il n'a d'ailleurs pas changé depuis que je vous ai vu. Le matin, je lis ; je relis et relis encore les mêmes vieux livres, n'en ayant pas de nouveaux à ma portée ; l'après-midi, je vais me promener avec mon gros chien noir, et, le soir, laissant grandes ouvertes les fenêtres, jusqu'où grimpent les roses de Chine, j'y reste assis à fumer ma pipe, pendant que les merles et les grives commencent à rentrer dans leurs gîtes, avec un bruissement de feuilles, et que le rossignol prend possession des alentours. A part les derniers dix jours, nous avons eu un printemps qui, au point de vue de la chaleur, aurait satisfait même vos exigences. Et quelle verdure ! des nuages blancs flottant au-dessus des sommets des chênes couverts de jeunes feuilles, et de vastes prairies où l'herbe lutte contre les boutons d'or. Comme tout cela est vieux à décrire, mais comme c'est nouveau à voir !

1. **genre** &c.: var. *mon train de vie* ; *la manière dont je vis.*

2. Var. *comme* (*d'autant plus qu'*) *il ne s'est produit aucun changement.*

3. **Le matin.** The practice of beginning the sentence with the expression of time is so deeply rooted in French that we must follow it in such a case as this ; similarly *l'après-midi* (l. 5) and *le soir* (l. 6). Otherwise we should have said : *Je passe la matinée à lire.*

4. **livres**: var. *bouquins,* quite in keeping with the familiar tone of the passage.

Var. *Ce sont toujours les mêmes vieux livres que je lis, n'en ayant pas à ma disposition de plus récents* ; or, more simply, *faute de nouveaux.*

5. **je vais me promener.** This exactly = ' I go (out) for a walk ' and is therefore closer to the sense than "*je me promène*"=' I walk about.'

6. **laissant**: often = ' with,' *e.g.* Sully Prudhomme, *Le Cygne* (' Trans.' No. XVI, p. 173):

> *laissant* les herbages epais
> Traîner derrière lui comme une chevelure,
> ' *with* thick-clustering weeds
> trailing behind him like hair.'

jusqu'où: var. *jusqu'aux bords desquelles*, if *jusqu'où* appears too condensed.

7. **grimpent**: cp. *e.g.* Angellier, *A l'Amie perdue* (Sonnet XXI):
> Rosier blanc, dont les jets emmêlés et hardis,
> *Grimpent* le long du mur *jusqu'au* balcon de fer....

roses de Chine. The term seems to be generic in French; cp. Jarmain, Forney et Naudin, *Les Roses*, Paris, 1873, p. 31, where 'les rosiers originaires de Chine introduits en Europe en passant par l'Inde, depuis le commencement du siècle' are distinguished from two other main groups, viz. 'rosiers originaires d'Europe' and 'rosiers sarmenteux.' In English 'China rose' seems to be used specifically, denoting the large crimson single flower of a particular variety, which apparently is little known in France. But such differences can scarcely be shown in translation.

j'y reste assis: var. *je reste assis là.*

8—9. The expression 'rustle bedwards' is an aggravated case of the difficulty referred to in 'Man.' p. 33, § 8. It seems impossible to find a French verb to translate 'rustle' (which probably describes the rustling of the leaves as the birds seek shelter) and, instead of a simple preposition, we have 'bedwards'! The translation suggested is certainly long, but can the full sense of the two words be brought out concisely?

8. **rentrer**: var. *regagner leurs nids*: cp. V. Hugo:
> La voile rentre au port et les oiseaux aux *nids*,

where *nid* = 'roosting-place,' as often.

10. **prend possession** &c. Cp. G. Sand (*Mes Lectures*, 'F. P.' p. 228): Le grillon *prend possession* des chaumes de la plaine....

A part: var. *Sauf.* The phrase '*dix jours*' may be considered as a unity, and in that case *derniers* will naturally come before it.

11. Var. *un printemps auquel vous-même, vous n'auriez trouvé à redire, tant il a fait chaud.*

13. **flottant**: var. *courant*: cp. Balzac ('F. P.' p. 163): Quelques nuages *couraient* parmi les rochers, where slow 'moving' is meant, and Vigny, *La Mort du Loup*:
> Les nuages *couraient* sur la lune enflammée;
> Comme sur l'incendie on voit fuir la fumée,

where 'scudding' is almost the sense. Var. *glissant.*

sommets: var. *cimes.* The word *tête*, at first tempting because it suggests a possible rendering of 'new-fledged' by means of *duvet*, *e.g. le léger duvet des feuilles nouvelles*, is often applied to the oak, but chiefly in reference to the practice of cutting short the trunk so as to produce a thick close growth of young branches, forming a rounded 'head' or mass; hence *un têtard* = a 'pollard.'

14. de vastes prairies. This may seem at first sight an unnecessary paraphrase, but reflection will show that 'grass' in the
English has two distinct meanings, viz. both 'grass' and 'grass-land,'
and that the phrase means 'acres of grass-land, on which the grass is
striving with buttercups.' The word *gazon* = 'turf' can hardly be
worked in. Words like "*hectare*" (m.) and "*arpent*" (m.) are impossible here, because they are much more specific than 'acres'; cp.
'broad acres,' 'God's Acre,' etc., where no definite area is thought
of. In such cases a vague term like *étendues* is required; see also
No. CLXXXVIII, note to l. 7.

15. lutte contre: var. *lutte avec*: if the allusion is to the
'struggle for life,' *la lutte pour la vie*, perhaps *contre* is clearer.

Var. *Que les mots sont vieux, mais que le spectacle est nouveau!* or
Que de fois on a décrit ce spectacle et combien il reste nouveau!

II. LA FIN D'UNE GRANDE SÉCHERESSE.

Un soir, des barres grises apparurent du côté du couchant,
mais elles nous avaient trop souvent déçus pour que nous y
ajoutions foi. Ce soir-là, elles étaient un peu plus épaisses, et
les cordes des fenêtres étaient humides. L'air qui nous arrivait par-dessus la falaise était frais, et si nous avions osé 5
espérer, nous aurions dit qu'il sentait la mer. A quatre heures
du matin on entendit le bruit de quelque chose qui battait
contre les vitres : elles ruisselaient.... Impossible de rester
couché ; je me levai donc et sortis. Rien ne bougeait : aucun
bruit sauf celui de la pluie ; pourtant depuis de longs mois il 10
n'y avait eu tant d'activité. Des milliards de brins d'herbe
buvaient avidement. Pendant seize heures l'averse continua,
et à la tombée de la nuit je sortis de nouveau. Un peu d'eau
coulait encore dans les fossés aux bords des routes, mais pas
une goutte n'était parvenue à ceux qui se trouvaient à la 15
lisière des champs, tant la terre était altérée. La sécheresse,
Dieu soit loué!, était à sa fin.

1. Un soir. The word 'night' has a wide signification, including both *la nuit* and *le soir*. *Nuit* implies that the events
described occurred after most people had gone to bed, *soir* that the
hour referred to was earlier than 'bed-time'; thus, Je n'ai pas dormi
de la *nuit*)(J'espère venir vous voir demain *soir* (= 'to-morrow
night'). In this way *soir* has come to denote any period of the day

from the early afternoon till very late at night. *Bonne nuit!* is said
to a person going to bed; *Bon soir!* is a formula for leave-taking
and used of any time of day, almost as freely as *Au revoir!* In the
present context, 'One night' is = *Un soir* because the speaker had
made his observations before going to bed, and in the next sentence
he says 'evening.'

barres: cp. Chateaubriand, *Atala* : Cependant une *barre* d'or se
forma dans l'Orient; Flaubert, *Salammbô* ('Trans.' No. xviii): Mais une
barre lumineuse s'éleva *du côté de* l'Orient; *Correspondance*, ii, p. 219 :
Du côté de Rouen *le ciel* était rouge avec de grandes *barres* pourpres
inégales ; Fromentin, *Dominique* : Des *barres* de feu se formèrent *au
couchant.* A somewhat similar word should be noted, viz. *bande* (f.),
e.g. A. France, *Le Livre de mon Ami*, p. 267 : La *bande* de pourpre
qui *barrait le couchant* a pâli.

du côté du couchant. *Du côté de* is a common equivalent of
'in' referring to orientation (as in the above examples); 'in the
sky' need not be translated; *du côté de l'occident* or even simply *vers
l'ouest* is in itself perfectly clear.

2. elles. The logical connection could be more explicitly shown
by *cela* or *ce phénomène*.

déçus. Besides being inharmonious immediately after *trop*,
trompés would be insufficient; the notion of disappointment inherent
in the sentence would require the fuller phrase, *avaient trompé notre
attente.* Concision and completeness are ensured by *déçus*; cp. also
une déception = 'a disappointment' (often in love).

2—3. pour que nous y ajoutions foi. The longer forms of
the Imperfect Subjunctive, especially in the First Conjugation, are
avoided as pedantic. This is generally attributed to reasons of
euphony, though it is difficult to say why *ajoutassions* should be
considered harsh and no objection taken, *e.g.,* to *agitation.* To
translate, more literally, by "*et nous n'y croyions plus*" would make
the sentence heavy and in "mais nous avions été trop souvent
trompés pour y croire" the construction of the Infinitive is not
clear.

3. Ce soir-là. The useful variant *Ce soir entre tous* = 'on this,
more than on any other, evening of the year,' *e.g.* 'Man.' p. 45, is
inappropriate here.

épaisses. The epithet "*lourdes*" is to be avoided here because
'heavier' means 'more clearly marked' and because, in reference to
weather conditions, *lourd* generally means 'sultry.' Cp. the sentence
from Flaubert in the note to l. 6.

4. les cordes des fenêtres. Windows in France are not

fitted with cords. Hence the translation might not at first convey much meaning. But it is not the translator's duty to descant on the differences between French and English carpentry.

humides. Common errors are: *"mouillées"* (= 'wet,' 'soaking') and *"moites"* (= 'damp,' *e.g.* Theuriet, *Mme Heurteloup*: il essuie son visage *moite* de sueur).

6. espérer. Students seem to assume that the Infinitive requires a pronoun and to translate by *"l'espérer,"* which would mean 'to hope *so*,' and would therefore unduly restrict the sense here.

il sentait la mer. This is the idiomatic turn, *e.g.* in *Cette pièce* sent le *renfermé*. N.B. *La marine* = 'the smell of the sea'; cp. Flaubert, *Salammbô* ('F. P.' p. 243): la brise *lourde* apportait avec des parfums d'aromates les *senteurs* de la marine.

7. on entendit. The literal *il y eut* is a colourless phrase which it is advisable to avoid when possible, the more so in this sentence as we cannot help using *il y avait eu* in the next. Var. *se fit entendre*, which would be placed at the end.

qui battait. The variant *battant* is perhaps a little harsh and abrupt; *contre* is scarcely required with *battre*.

8. les vitres: see 'Man.' p. 24.

Impossible &c. Hesitation between the literary Il *était* and the familiar C'*était* (*impossible de*) is obviated by use of the shorter and more vivacious phrase; cp. Inutile de *répondre* (*insister*, etc.).

9. je me levai donc et sortis. Clearness is added by substituting *donc* for *et*, which otherwise would occur twice in this short sentence; *sortis* includes 'out of doors.'

aucun bruit.... The repetition of the *-ui-* sound in br*ui*t... cel*ui*...pl*ui*e is not inappropriate, recalling the 'drip-drip' of the rain. The inversion of the English cannot be readily shown in French.

11. brins d'herbe. The difficulty is that in French both 'grass' and 'young corn' are *herbe*, cp. *manger son blé en* herbe = 'to spend one's money before one gets it.' There appears to be no specific term for the first shoots of grass, corn or other crops in French (or in English, if we exclude the originally Scottish 'braird'). *Pampe* (f.) which some Dictionaries render as 'a blade of corn' is an archaic term, not in common use. The entire sense of 'blades of grass and corn' is contained in '*brins d'herbe.*'

12. Pendant seize heures: var. *Seize heures durant.*

l'averse continua. The Past Historic is called for by the fact that the events, including the 'downpour,' are presented as consecutive, and in their chronological order.

13. à la tombée de la nuit. Useful variants are: *à la tombé* *du jour* and *à la nuit tombante*; *quand la nuit fut venue* would also be correct, but *au crépuscule* and *sur la brune* are perhaps too poetical, though the latter is used quite simply by A. Theuriet, *Sauvageonne* : Il rentrait *à la brune*.

14. les fossés. This is the usual word for road-side 'ditches'; *ruisseaux* are street-'gutters,' cp. *un saute-ruisseau* = 'a lawyer's apprentice,' so called because he runs messages (the 'locus classicus' describing his functions is the beginning of Balzac, *Le Colonel Chabert*); "*rigoles*" (f.) are 'drains' in fields or gardens and "*conduits*" are 'water-pipes.'

aux bords des routes. In virtue of the rule precluding the use of *qui* wherever it is possible to do without it, "*qui bordaient les routes*" should be avoided. There is also another reason; a *qui*-clause is required immediately to qualify *ceux*. Possibly, however, in the version offered it is not at first clear whether *ceux* goes with *fossés* or with *bords*. Var. *creusés le long des routes*.

15. à la lisière. It is worth while to note the analogous term, applied only to woods, à l'orée *du bois*, '*at the edge* of the wood.'

17. était à sa fin : var. *touchait à sa fin, avait pris fin, était terminée*.

III. Août.

A mesure que s'avance la journée, d'énormes nuages lourds s'amoncellent. Leurs contours sont nettement dessinés et leurs replis compliqués s'éclairent jusqu'au fond d'une lumière éblouissante. Un ciel d'une sérénité parfaite est moins impressionnant dans son immensité qu'un ciel chargé de gros nuages, séparés par de vastes plaines d'azur.

Sur le versant des collines, çà et là des champs se dorent de blé en gerbes. Les oiseaux ne font plus guère entendre leur ramage ; le flamboiement des ajoncs et des genêts n'est plus, mais les bruyères sont en fleur. Les arbres ont un feuillage foncé, presque sombre, et là où ils se groupent, on les dirait réunis en conclave solennel. Le pressentiment de la mort de l'été lentement envahit mon âme. Pourquoi m'est-il impossible de chasser cette impression de ce qui n'est pas encore ? Que ne puis-je trouver le repos et jouir du spectacle devant mes yeux ? Si quelque dieu bienfaisant pouvait seulement m'enseigner qu'à chaque jour suffit sa peine, je lui offrirais en sacrifice tout ce que j'ai au monde.   P. C. H. de S.

IV. Paysage du Devonshire.

Par une matinée claire et bleue de la fin de ce même mois de septembre, un homme et sa charrette suivaient indolemment un chemin vicinal dans le nord du Devonshire. La route ondulait, errant par monts et par vaux, et de ses points les plus élevés offrait de ravissantes perspectives sur une mer d'azur 5 moutonnant sous la brise. Quelques averses étant tombées pendant la nuit, la route était jaune et mouillée, sans flaques cependant. Les haies étincelaient de gouttes de rosée, et les fils de la Vierge étaient des œuvres d'art en gaze d'argent. Une douce fraîcheur arrivait de l'ouest, où des nuages blan- 10 châtres se fondaient avec l'horizon. Sur les larges flancs des collines, tels des points blancs, paissaient des moutons. A une lieue environ vers le nord-ouest, la silhouette rectangulaire d'un château s'élevait au-dessus des masses de feuillage qui l'entouraient. Le soleil en montant le baignait de sa douce 15 lumière, et une fenêtre çà et là renvoyait un reflet de diamant.

1. Par une matinée &c. Cp. P. Bourget, *Cruelle Énigme*, p. 75 : *par une matinée bleue* et tiède ; *matin* is also possible, cp. Theuriet, *Années de printemps* : *Par un clair matin de décembre*, je partis en compagnie d'un facteur rural.

fin : cp. les Goncourt, *Manette Salomon*, p. 383 : *par* un jour de soleil de la *fin* de février ; *quinzaine* is perhaps unduly precise.

2. et sa charrette. The English 'a man and a cart' is odd (cp. No. XVII, note to l. 8) ; the literal French translation is even more odd. We might also say *avec une charrette*. Distinguish: *un chariot* = (generally) a 'farm-cart' : *un char* = a 'chariot.'

suivaient &c. : var. *s'avançaient paresseusement le long d'une route de campagne.*

3. du Devonshire : var. *du comté de Devon.*

ondulait : var. *montait et descendait par monts et par vaux.*

5. perspectives : *échappées* ; cp. Fromentin, *Un Été dans le Sahara*, p. 112 : les ruelles…encadrant à leur extrémité une *échappée* de vue plus *riante* sur les cimes vertes de l'oasis.

une mer. The plural would be absurd in French. The view gave only one 'sea,' viz. the Channel, and 'seas' means 'sea-scapes.'

7. jaune. The choice between *jaune* and *brun*, which both = 'brown' (see 'Trans.' § 38 for examples), depends on the shade we wish to describe, *i.e.* upon the nature of the soil ; *brun* is much deeper than *jaune* and is applied to rich, dark soil: *e.g.* René Bazin, *La Terre qui meurt*, p. 95: Le soc s'enfonça; la terre s'ouvrit, *brune*...; George Sand, *La Mare au Diable*: ce large terrain d'un *brun* vigoureux. The dominant colour in Devonshire is lighter than 'brun.'

flaques. A larger 'puddle,' *e.g.* left here and there on the beach by the outgoing tide, is *une mare.*

8. les fils de la Vierge: var. *les toiles d'araignées*: cp. Daudet, *Lettres de mon Moulin*: Il ne voit pas non plus les fines *toiles d'araignées* qui tremblent au soleil entre les branches.

9. étaient &c.: var. *avaient l'air de gaze d'argent travaillée avec art.* N.B. *un objet d'art* = an 'ornament.'

12. tels des points blancs: cp. R. Rolland, *Le Buisson ardent*, p. 327 : sur l'échine des arbres, *tels* des frissons de joie, des vagues de vent passaient. Or, we might work in the common phrase *on eût dit.*

Var. *des moutons qui paissaient formaient des taches blanches; à voir les brebis qui paissaient sur les larges versants des collines, on aurait dit des points blancs.*

14. Var. *se détachait sur un fond de feuillage.*

16. çà et là...de diamant: cp. Flaubert, *Salammbô* ('F. P.' p. 243): les boules de verre sur les toits des temples rayonnaient, *çà et là*, comme de gros *diamants.*

V. La Vallée de l'Hudson.

Au cours d'une longue excursion de ce genre, par un beau jour d'automne, Rip, sans s'en apercevoir, avait grimpé jusqu'à l'un des points les plus élevés des Kaatskills. Il se livrait à son sport favori, la chasse à l'écureuil, et les solitudes tran-
5 quilles s'étaient à maintes reprises renvoyé les détonations de son fusil. Hors d'haleine et fatigué, il se jeta, à une heure avancée de l'après-midi, sur un tertre verdoyant, tapissé d'herbes de montagne, qui couronnait le bord d'un précipice. Une éclaircie entre les arbres lui permettait de dominer tout
10 le pays à ses pieds sur une vaste étendue de riche forêt. Il apercevait dans le lointain l'imposant Hudson, qui tout en bas poursuivait sa course paisible, mais majestueuse, réfléchissant çà et là tantôt un nuage pourpre, tantôt la voile de quelque barque paresseuse, que le fleuve berçait sur son sein de cristal
15 avant de se perdre enfin parmi les montagnes bleues.

De l'autre côté son regard plongeait dans un ravin profond, sauvage, solitaire, recouvert de broussailles, et dont le fond, rempli de fragments tombés des rochers surplombants, était à peine éclairé par les reflets du soleil couchant. Pendant quelque temps Rip resta couché à rêver devant ce paysage ; 20 lentement le soir tombait ; les montagnes commençaient à projeter sur les vallons leurs longues ombres bleues ; Rip s'aperçut qu'il ferait noir avant qu'il pût regagner le village, et il poussa un profond soupir en songeant qu'il lui faudrait affronter les colères de Madame Van Winkle.   25

2. Var. *sans presque s'en apercevoir* ; 'unconsciously' is used loosely to modify not only 'had scrambled' but all the rest of the sentence.

3. Cp. Fromentin, *Une Année dans le Sahel* (Plon, 1912), p. 118 : Je me suis hissé sur la terrasse pour assister au coucher du soleil... De *ce point élevé*...j'avais *à mes pieds* la place....

6. Var. *Haletant et rompu de fatigue, il se laissa tomber*.

7. Cp. Fromentin, *o.c.* p. 26 : de vastes clairières *tapissées d'herbes*.

8. le bord : "*le front*" is impossible, *précipice* being a void, a chasm (see No. XXII, note to l. 5 and 'Trans.' § 65).

10. une vaste étendue. It is not easy to work in *lieues*, which French writers generally use for 'miles' in such contexts, *e.g.* Stendhal ('F. P.' p. 153) : Il voyait *à ses pieds* vingt *lieues* de pays ; Fromentin, *o.c.* p. 42 : Devant nous se développaient vingt-cinq *lieues* de terrains plats, and the example in No. CLXXXVIII, note to l. 12.

VI. DANS LA VALLÉE DE LA LOIRE.

Après avoir avancé deux ou trois kilomètres plus loin, j'aperçus sur ma gauche un clocher de village qui pointait au-dessus des vignes. Je dirigeai mes pas de ce côté, mais le clocher semblait s'éloigner à mesure que j'avançais et il finit par disparaître entièrement. Il était évidemment à plusieurs 5 lieues de distance ; et, comme le sentier que je suivais descendait de la grand'route, il s'était peu à peu enfoncé derrière une ondulation du terrain revêtu de vignes. Je me trouvais maintenant au milieu d'un vaste vignoble. Le soleil était sur le point de se coucher, et ses derniers rayons dorés s'attardaient 10 sur ce riche et doux paysage. Les paysans étaient toujours à leur tâche et l'aboiement de quelque chien et le tintement

lointain de l'angélus ne donnaient que plus de poésie à la
scène. Maint rêve de mon enfance, mainte rêverie romantique
15 de ma jeunesse se réalisait sous mes yeux. Je me tenais, au
coucher du soleil, parmi les vignes luxuriantes de la France.

1. Var. *Après avoir fait un ou deux milles de plus.*

2. **pointait**: exactly as in Henri de Régnier, *La Sandale ailée*:
De son clocher qui *pointe* au-dessus des maisons.

3. Var. *J'y dirigeai mes pas, mais il,* etc.

7. **enfoncé** &c.: cp. V. Hugo, *Le Rhin*: la vieille femme
s'enfonça dans la terre et s'évanouit comme une apparition; Guy de
Maupassant, *Une Vie*: derrière leurs amis *enfoncés* maintenant *dans
une ondulation* de la plaine. A common phrase is *un repli* du terrain.

10. Var. *et les derniers rayons d'or.*

12. **quelque chien**: var. *l'aboiement d'un chien par moments*
(*par intervalles*; cp. Lamartine, *Jocelyn*: Des chiens *par intervalle* un
lointain *aboiement*; the plural form is commoner, *e.g.* Theuriet, *Sous
Bois*: Le soleil se montrait *par intervalles*).

13. **l'angélus**: see 'Trans.' p. 106. The word is very often
printed without the accent.

poésie: as in Daudet, *Jack*, p. 208: Mais ces terreurs *ne donnaient
que plus de poésie* à la forêt. We may therefore translate 'romance'
by *poésie* and use *romantique* for 'poetic.'
Var. *ajoutaient un charme de plus*; *donnaient un charme nouveau.*

14. **rêve**: cp. Th. Gautier, *Voyage en Espagne* ('F. P.' p. 235):
J'accomplissais le *rêve* de toute ma vie; var. *songe,* if the sequence
rêve...rêverie is found unpleasant.

15. **se réalisait**: cp. A. de Musset, *Un Caprice*, Sc. 5:
Qu'on est folle de faire des *rêves*! Ils ne *se réalisent* jamais.
Je me tenais: var. *Je me trouvais.*

VII. Dans un Hameau francais.

Laissant le vieillard à ses rêveries, je repartis en compagnie
des vendangeurs. Par un sentier battu qui traversait les vignes,
nous descendîmes bientôt la pente de la vallée, et tout à coup
je me trouvai au sein d'un de ces petits hameaux d'où le
5 paysan monte pour reprendre sa tâche comme l'alouette s'élève
pour recommencer son chant. Mes compagnons me souhai-
tèrent bonne nuit comme ils rentraient chacun dans sa chaumière, et une petite fille me conduisit à l'auberge même où, il
y avait une heure ou deux, j'avais dédaigné d'entrer.

Quand je me réveillai le matin, un brillant soleil d'automne 10
ruisselait dans ma chambre. Les joyeux chants des oiseaux
se mêlaient harmonieusement au murmure des feuilles qui
bruissaient et au glouglou du ruisseau. Les vendangeurs
partaient à leur travail ; le pressoir fonctionnait à l'ombre et le
tic-tac du moulin battait la mesure de la chanson du meunier. 15
Je flânai dans le village avec un sentiment de joie tranquille.
J'aurais voulu ne pas quitter la paix de ce hameau perdu ;
mais enfin, bien qu'à regret, je pris le sentier qui traverse les
vignes et, un moment après, le petit village s'était de nouveau
enfoncé, comme par enchantement, dans le sein de la terre. 20

1. **je repartis** : var. *je me remis en route.*

2. **battu.** This is the stock equivalent of ' *well*-beaten.'
Var. *suivant un sentier battu à travers les vignes.*

4. **d'où le paysan monte** &c. The exact meaning of the
English is not quite clear. Students often take ' as ' in the sense of
' when ' and translate *à l'heure où.* But it seems to us that the idea
is rather that the village lies in a valley and from it the labourer goes
up the slope to his work, just as the lark rises from the furrow to
sing. While it is possible to say *le paysan monte vers sa tâche* it
would be absurd to continue ' l'alouette monte vers son chant.' The
version given is long, but some expansion seems necessary in order
to make the meaning clear.

9. N.B. *daigner faire quelque chose*)(dédaigner de *faire quelque
chose.*

11. **ruisselait** &c.: var. *brillait à travers ma fenêtre.*

13. **au glouglou**: cp. A. Theuriet, *Les Revenants*, p. 283: le *glouglou* intermittent du ruisseau. The verb is *glouglouter* (*Ibid.* p. 250) :
au-dessus de l'eau qui *glougloutait* invisible.

14. **à** : *pour* is the regular construction when the reference is to
a *place.*

fonctionnait: var. *travaillait, marchait.*

16. **flânai** : var. *errai.*

17. **J'aurais voulu** &c. The literal translation *Je ne voulais
pas* would not quite give the meaning of the English.

18. **à regret**: cp. Romain Rolland, *Le Buisson ardent*, p. 83 :
Il s'en allait *à regret* ; A. Theuriet, *Sauvageonne*, p. 17 : lentement,
comme *à regret*, il quitta la Mancienne.

19. **un moment après** : var. *l'instant d'après.*

20. **enfoncé**: see No. VI, note to l. 7.

VIII. Paysage des Highlands.

Le lendemain matin j'avais le cœur aussi léger qu'aucun de mes camarades. Il avait gelé ferme pendant la nuit, et l'herbe, blanche de givre, craquait sous nos pas comme nous traversions les champs ; mais le soleil se leva dans une at-
5 mosphère pure et, à mesure que le matin avançait, le temps s'adoucissait au point de donner enfin une de ces délicieuses journées du renouveau qui sont un si heureux gage de tout ce qu'il y a de bon et de généreux dans la meilleure moitié de l'année. A midi, tout le monde se reposa et j'allai jouir de ma
10 demi-heure seul sur un tertre moussu dans le bois voisin, d'où l'on domine à travers les arbres un vaste panorama de la baie et du rivage opposé. Pas une ride sur l'eau, pas un nuage au ciel, et dans ce calme les branches étaient aussi immobiles que si elles avaient été dessinées sur une toile. D'un promontoire
15 boisé qui s'étend jusqu'au milieu du golfe montait une légère colonne de fumée. Elle s'élevait, droite comme un fil à plomb, à plus de mille mètres, puis, en atteignant une couche d'air moins dense, elle s'étendait également de chaque côté comme le feuillage d'un arbre majestueux.

Title. **Highlands** : var. *Hautes-Terres*, but the word is often left untranslated by French writers.

　　1. Le lendemain matin : cp. No. I, note to l. 3.

　　le cœur...léger : " *léger de cœur* " is = 'fickle,' 'inconstant.'

　　aucun. For this use of *aucun* cp. Diderot, *Encyclopédie* : jouissance aussi pure, aussi forte, aussi réelle qu'*aucune* autre jouissance.

　　3. blanche de givre, craquait. There does not seem to be any adjective which will adequately translate 'crisp' here (*crépitant* sometimes suits). If we use *craquer*, 'to crackle' (cp. R. Rolland, *L'Adolescent*, p. 220 : *la neige* durcie *craquait* sur ses souliers), it seems almost necessary to expand *blanche* as above.

　　6. s'adoucissait &c. It is always difficult to translate a phrase such as 'mellowed into.' In many contexts the preposition *jusqu'à* proves useful.

　　7. renouveau : slightly poetical but in keeping with the tone of the passage.

　　8. bon. The natural translation of 'mild' is *doux*, but we require this adjective to express 'genial.'

12. rivage: "*rive*" would be more appropriate of a river than of a 'firth.'

opposé: cp. Chateaubriand ('Trans.' IV): à l'horizon *opposé*; Vogüé ('Trans.' I): vers la rive *opposée*.

12. au: cp. V. Hugo, *Extase*: Pas un nuage *aux* cieux, sur les mers pas de voiles.

14. une toile, 'a canvas,' *i.e.* in a picture. Perhaps we might with advantage use *on eût dit*, so common in comparisons.

16. colonne: cp. Chateaubriand, *Itinéraire*: des *colonnes de fumée* bleue et légère montaient dans l'ombre.

comme: much neater usually than *aussi...que.*

17. à plus: var. *à une hauteur de plus.*

IX. Paysage des Highlands (Suite).

A l'ouest s'élevait le Ben Wyvis, blanc des neiges encore intactes de l'hiver, et se découpant aussi nettement dans cette atmosphère pure que si toutes ses pentes ensoleillées et tous ses vallons bleus en retrait avaient été ciselés dans le marbre. Une ligne de neige courait le long des montagnes opposées ; 5 au-dessus tout était blanc, au-dessous tout était violet. Cela me rappela cette jolie histoire française dans laquelle on nous montre un vieux peintre mettant à une rude épreuve l'ingéniosité de son futur gendre ; il lui donnait comme sujet pour son pinceau une étude de fleurs uniquement blanches, dont la 10 moitié devraient avoir leur couleur propre, tandis que l'autre moitié seraient d'un violet foncé, tout en restant parfaitement naturelles : le jeune homme résolut l'énigme et conquit la main de sa dame en introduisant dans le tableau une coupe violette transparente et en éclairant à travers cette coupe les 15 fleurs qui penchaient sur le bord. Je repris le chemin de la carrière, convaincu qu'un plaisir très exquis peut être très peu coûteux et que même les métiers les plus assujétissants peuvent nous laisser le loisir de le goûter.

1. A l'ouest. Like expressions of time, terms of orientation tend to be placed at the beginning of a French sentence, *e.g. A gauche...A droite.*

s'élevait: var. *se dressait*, as in Heredia, *Fuite de Centaures* ('Trans.' p. 160).

3. pure: var. *claire*, although objection might be taken to the sound of the combination *claire atmosphère*.

4. vallons bleus: var. *creux violets*, but 'blue' is not *violet* and *creux bleus* is harsh. The phrase 'blue retiring hollows' is not easy to translate accurately. Perhaps *anfractuosités bleuâtres* would suit.

5. opposées: var. *en face*.

6. violet: cp. 'Trans.' p. 45.

Cela. This pronoun used as a collective is frequently appropriate where the English 'they' is indefinite as here.

8. ingéniosité = 'ingenuity')(*ingénuité* = 'ingenuousness.'

9. il lui donnait. If we keep the arrangement and syntax of this long English sentence, the result will not be satisfactory. It is better to sacrifice strict accuracy to clearness and to express the meaning in shorter, independent clauses. Var. *il donnait pour sujet à son pinceau.*

10. uniquement: var. *où il n'y aurait que des blanches.*

14. sa dame. In older French *maîtresse* would be the proper term; var. *sa bien-aimée.*

une coupe &c.: var. *un vase violet transparent.*

16. Var. *retournai*, 'returned' = went back.

17. peu coûteux: cp. Stendhal, *La Chartreuse de Parme*: Il trouva là, *à peu de frais*, les moments les plus heureux qu'il eût goûtés depuis longtemps.

X. Un Presbytère campagnard.

Le presbytère de Murewell était situé au point culminant d'une molle ondulation de terrain qui, vers le sud, descendait à travers des champs de blé et des bois jusqu'à une immense lande couverte de bruyères pour remonter vers le nord dans la direction de la longue crête crayeuse du Hog's Back.

C'était une maison blanche, carrée, sans prétentions artistiques, d'architecture peu ambitieuse, placée dans un site assez maladroitement choisi, loin de toute autre habitation, séparée seulement de la route par une petite pelouse de gazon et une haie basse. Quelques sapins, dépassant le toit de leurs hautes cimes, mettaient une note gracieuse et corrigeaient quelque peu l'impression de nudité de la façade sud ; par derrière, un jardin en pente douce descendait jusqu'au village au pied de la hauteur. Ce jardin se faisait surtout remarquer par ses allées gazonnées et par ses arbres fruitiers qui couvraient de leur exubérante végétation les vieux murs de brique rouge ; les touffes de phlox rose et blanc en ce mois d'août donnaient à ce jardin la note fleurie et gaie qu'on retrouve dans les romances du règne d'Élisabeth.   P. C. H. de S.

XII. JUIN.

Le chemin en remblai nous conduisit dans un pré borné d'un côté par un bras mort de la rivière ; à droite nous voyions un groupe de petites maisons et de granges, neuves et vieilles, et, devant nous, une grange en pierre grise et un mur recouvert en partie de lierre, au-dessus duquel pointaient quelques pi- 5 gnons grisâtres. Le chemin vicinal s'arrêtait dans les bas-fonds de ce bras mort. Nous traversâmes le chemin, et de nouveau presque machinalement ma main leva le loquet d'une porte pratiquée dans le mur, et aussitôt nous nous trouvâmes sur un sentier pavé qui menait à la vieille maison à laquelle le destin, 10 sous la forme de Dick, m'avait si étrangement conduit, dans ce monde d'hommes nouveaux. Hélène, surprise, poussa un soupir de plaisir et de contentement ; et je ne m'en étonnai point, car le jardin entre le mur et la maison était tout embaumé par les fleurs de juin, et les roses déferlaient les unes 15 sur les autres avec cette luxuriance délicieuse des petits jardins bien entretenus qui, à première vue, ne laisse au spectateur que l'idée de beauté. Les merles chantaient à tue-tête, les colombes roucoulaient sur l'arête du toit, les corneilles dans les grands ormes là-bas bavardaient parmi les jeunes feuilles, et 20 les martinets tournoyaient en gémissant autour des pignons. Et la maison elle-même était une digne gardienne de toute cette beauté de plein été.

1. **chemin en remblai** : var. *la levée.*
5. **pointaient** : cp. No. VI, note to l. 2.
Var. *s'élevaient, apparaissaient.*
6. **vicinal** : var. *du village.*
s'arrêtait dans les : var. *aboutissait aux.*
8. **machinalement** : var. *malgré moi*, as in Heredia, *La Source* : Il a fait, *malgré lui*, le geste héréditaire... : "*involontairement*" rather = 'against my will.'

10. pavé: var. *dallé* if the path is paved with large flat stones; cp. Fromentin, *Un Été dans le Sahara*, p. 112: un pavé raboteux, inégal et *dallé* de roches.

12. nouveaux: seems better than *nouveau* because the men, not the world, are new, but *nouveau* could also stand. Var. *dans ce nouveau monde d'hommes.*

15. déferlaient, &c. This verb (see 'Trans.' p. 152) seems to express the idea of the English 'were rolling,' though opinions may differ as to the exact meaning of the original. Var. *tombaient en cascades.*

17. ne laisse au &c.: var. *enlève au spectateur toute idée sauf celle de beauté.*

19. l'arête: cp. de Vogüé ('Trans.' 1): *arêtes* brillantes de l'ardoise sur la silhouette grise du château.

20. là-bas: used of anything seen at a distance, even a short way off: var. *au delà.*

21. tournoyaient: var. *tourbillonnaient*: cp. Fromentin, *Dominique*, p. 160: Des martinets *tourbillonnaient* gaiement *autour d'*un clocher pointu.

en gémissant: var. *en poussant des cris aigus.*

23. Although we find in French *au cœur de l'été* = 'in the heart of summer,' it seems impossible to use *le cœur de l'été* here.

XIII. Un Orage dans les Hauteurs.

Il était environ minuit et nous n'étions pas encore au lit quand l'orage vint se déchaîner sur les Hauteurs dans toute sa furie. Il faisait un vent violent aussi bien que du tonnerre, et l'un ou l'autre fendit le tronc d'un arbre au coin du bâtiment;
5 une énorme branche tomba en travers du toit et abattit une partie de la cheminée de l'Est, faisant dégringoler bruyamment des pierres et de la suie dans le feu de la cuisine. Nous crûmes que la foudre était tombée au milieu de nous, et Joseph se jeta à genoux, suppliant le Seigneur de se souvenir des patri-
10 arches Noé et Lot, et, comme autrefois, d'épargner les justes en frappant les impies. J'eus quelque idée que ce devait être un jugement prononcé contre nous aussi. Le Jonas, dans ma pensée, était Mr Earnshaw, et je secouai le bouton de la porte de son antre pour m'assurer qu'il était encore en vie. Il
15 répondit assez distinctement, de façon à faire proclamer à mon compagnon plus haut que jamais qu'il fallait établir une dis-

tinction nette entre les saints comme lui et les pécheurs comme
son maître.

Mais le vacarme s'apaisa au bout de vingt minutes, nous
laissant tous sains et saufs.   20

    3. furie : avoids the jingle *hauteurs...fureur.*

    4. fendit le tronc. The precise sense of 'split off' is not ap-
parent : *décapita? faucha?* Except for the curious remark 'either one
or the other,' *foudroya* would have suited well.

    10. les justes...les impies : var. *les bons...les méchants.*

    15. proclamer : "*vociférer*" implies abuse of someone, and is
often followed by *contre* ; cp. also *vociférer des injures.*

XIV. Nuit a la Belle Étoile.

Il est une heure, inconnue de ceux qui habitent des maisons,
où un souffle d'éveil se répand sur l'hémisphère endormi. C'est
alors que le coq lance son premier chant, non pas cette fois en
héraut de l'aurore, mais comme un joyeux veilleur hâtant la
fuite de la nuit. Les bestiaux se réveillent dans les prés, les 5
moutons rompent leur jeûne sur les versants des coteaux
trempés de rosée et vont chercher un nouveau gîte parmi les
fougères ; et les gens sans abri qui se sont couchés la veille
avec les poules, ouvrent leurs yeux troubles et contemplent la
beauté de la nuit.   10

A quel imperceptible appel, à quelle douce caresse de la
Nature, tous ces dormeurs sont-ils au même moment rappelés
à la vie?

Les étoiles nous versent-elles une influence? ou participons-
nous à quelque frisson de la terre, notre mère commune, sous 15
nos corps qui reposent? Les bergers même et les vieilles
gens de la campagne qui en savent le plus long sur ces mys-
tères, ne devinent rien du comment ni du pourquoi de cette
résurrection nocturne.

Vers deux heures du matin, affirment-ils, la chose a lieu, et 20
ils n'en savent ni ne cherchent à savoir davantage.

    Parallel Passages : F. Coppée, *Le Luthier de Crémone,* Sc. 7 ;
Alphonse Daudet, *Lettres de mon Moulin* (*Les Étoiles*).

    1. habitent &c.: cp. V. Hugo, *J'*habite *sous les chênes* ; var. *qui*
vivent sous un toit.

3. **lance** : var. *fait entendre.*

en héraut de l'aurore : var. *pour annoncer l'aube.*

8. **couchés…avec les poules.** The more common form seems to be *coucher* comme *les poules* : cp. Augier et Sandeau, *Le Gendre de M. Poirier*, I, 2 : Il se tient à sa place, *se couche comme les poules*, se lève comme les coqs…, and this phrase is defined by Littré as = 'se mettre au lit de très bonne heure.' But it might be better to use here *avec* as in Boileau, *Sat.* VI : Tous les jours je me couche *avecque* le soleil ; and in About, *La Mort du Turco* : la lune s'était couchée *avec les poules*.

9. **troubles** : var. *ensommeillés*, but in the case of 'houseless men' more is perhaps implied ; cp. Camille Lemonnier, *Un Mâle*, where the 'hero,' a poacher, awakens after a night in the open : Il se dressa sur son̦séant, et ses yeux, *pleins de ruse*, s'ouvrirent.…L'homme regarda les fumiers, les poules, les murs de la ferme, de sa prunelle *noyée dans un engourdissement.*

15. **frisson** : var. *frémissement* as in *Le Luthier de Crémone* :
Lorsque s'annonce, avec de longs *frémissements*,
Autour de moi le grand réveil de la nature.

notre mère commune : cp. V. Hugo, *Les Misérables*, I, p. 434 : Nous avons tous une mère, la terre. On rendit Fantine à cette mère ; and Alfred de Musset, *André del Sarto* : Chaque matin, l'ange de la vie et de la mort apporte *à la mère commune* une nouvelle parure.

16. **Les bergers** &c. : cp. Daudet, *Les Étoiles* : C'est donc vrai, *berger*, que vous êtes sorciers, vous autres ?—Nullement, notre demoiselle. Mais ici nous vivons plus près des étoiles, et nous savons ce qui s'y passe mieux que des gens de la plaine.

17. **qui en** &c. : cp. G. Sand, *La petite Fadette*, p. 106 : ils étaient toujours suivis de ce météore, comme l'appelle le maître d'école de chez nous, qui *en sait long sur* cette chose-là, and p. 82 : cette fille-là *en sait plus long* que nous. Var. *qui sont le plus versés* ; cp. Renan, *Souvenirs d'Enfance et de Jeunesse* (C. Lévy, 1893), p. 273 : Pour comprendre ce qui va suivre, il faut être très *versé* dans les choses de l'esprit humain et en particulier dans les choses de la foi. But *verser* has just been used. The rendering "qui ont le plus approfondi," though excellent French, is not quite what is meant ; it would suggest deep study, whereas a natural gift is intended. At first sight 'the deepest read' would seem to be = *les* plus versés, but *le* plus, on second thoughts, is presumably Stevenson's meaning.

19. **nocturne** : cp. V. Hugo, *Les Misérables*, I, p. 556 : le frémissement *nocturne* de la forêt ; var. *de toutes les nuits.*

20. **la chose a lieu** : a simple colloquial phrase, imitating the speech of untutored country folk.

XV. Nuit a la Belle Étoile (Suite).

Lorsque cette heure vint pour moi au milieu des pins, je m'éveillai altéré. Mon gobelet était à côté de moi, à moitié plein d'eau. Je le vidai d'un trait; et me sentant bien éveillé après cette fraîche aspersion intérieure, je me mis sur mon séant pour rouler une cigarette. Les étoiles, aux vives couleurs, brillaient claires, scintillantes comme des joyaux, mais leur éclat n'était pas glacial. Une légère vapeur argentée figurait la Voie Lactée. Tout autour de moi les cimes noires des pins se raidissaient immobiles. A la blancheur de son bât, je distinguais Modestine, qui tournait en cercle au bout de sa longe; je l'entendais qui broutait à belles dents le gazon; nul autre bruit, si ce n'est le babil paisible et intraduisible du ruisselet coulant sur les pierres. Je restais là, étendu, fumant paresseusement, et j'étudiais la couleur du ciel—comme nous appelons le vide de l'espace—depuis le gris rougeâtre qu'il montrait derrière les pins, jusqu'au bleu noir et brillant qu'il montrait entre les étoiles. Comme pour mieux ressembler à un colporteur, je porte une bague d'argent. Je la voyais luire faiblement quand je levais ou baissais ma cigarette; et à chaque bouffée, l'intérieur de ma main était illuminé, et devenait pendant une seconde le point le plus éclairé du paysage.   D. M.

XVI. Souvenirs d'Enfance.

Quand je reporte mon souvenir à la période vague de mon enfance, les premières figures que je me rappelle, se détachant nettement du chaos des choses, sont celles de ma mère et de Peggotty. De quoi encore me souvient-il? Voyons! Hors du nuage apparaît notre maison, qui est pour moi non pas 5 nouvelle, mais tout à fait familière dès mes premiers souvenirs. Au rez-de-chaussée se trouve la cuisine de Peggotty, ouvrant sur une cour dont le centre est occupé par un pigeonnier suspendu à un poteau et inhabité; dans un coin un vaste henil, également inhabité; et une quantité de volailles qui 10 ne paraissent terriblement grandes, se promenant ici et là un air menaçant et féroce. Il y a un certain coq qui monte 1 perchoir pour lancer son chant et semble faire de moi

l'objet d'une attention spéciale tandis que je le regarde de
15 derrière la fenêtre de la cuisine; il me fait frissonner, tant il a
l'air méchant. Les oies, de l'autre côté de la barrière du
jardin, me courent après en se dandinant et tendant leur long
cou, chaque fois que je passe par là; j'en rêve la nuit, ainsi
qu'un homme entouré de bêtes fauves rêverait de lions.

Title. A common error is "Souvenirs de *l'*enfance," though the
title of Renan's work (see No. XIV, note to l. 17) is well known.

1. **Quand** &c. The literal "Regardant en arrière dans le vide
de mon enfance," or "dans ce vide qu'est l'enfance," would be
meaningless. The allusion is to the days of early childhood beyond
the beginnings of memory, to what M. Romain Rolland calls *la nuit*
(as opposed to *l'aube* which follows). The problem of expressing the
idea in French is complicated by the fact that the English is confused
(for how can there be 'objects' in a 'blank'?) and that French has
a single term *enfance* for both 'infancy' and 'childhood.' The distinction is sometimes made by saying *première enfance* for 'infancy,'
e.g. Lamartine, *Confidences*, p. 54: Je ne vous raconterai pas les
puérilités de ma *première enfance.* The phrase *première enfance* does
not, however, help us here, because 'the first objects' requires the
use of *premier* immediately afterwards. In the rendering offered, *vers*
would be slightly more logical, but *vers...vague* is too alliterative.

2. **figures**: "*objets*" could only mean inanimate things.

3. **des choses**: might be omitted; var. *Quoi donc puis-je me
rappeler encore?*

5. **du nuage.** It is doubtful whether a French writer would not
rather have said *de la brume.*

6. **dès** &c.: var. *telle que me la représentent mes premiers souvenirs.*

7. **ouvrant**: indicates both the view and 'opening'; cp.
Lamartine, *Confidences*, p. 104: une galerie extérieure...*ouvrait sur* la
cuisine; *donnant* is less appropriate, because the reference is probably to the fact that the kitchen door actually *opened* into the back
yard.

8. **une cour**: *basse-cour*, referring only to poultry, is too
restricted.

9. **inhabité**: var. *sans locataire.* The literal "*sans pigeons*"...
"*sans chien*" is somehow slightly absurd.

13. **au perchoir**: var. *sur un pieu (poteau).*

14. **de derrière**: var. *à travers*, but not "*par.*"

18. **ainsi** qu'un: var. *de même qu'un.*

19. **entouré**: var. *environné, au voisinage.*

XVII. SOUVENIRS D'ENFANCE (Suite).

Et maintenant je revois l'extérieur de notre maison. Les fenêtres treillissées des chambres ont été ouvertes pour laisser entrer l'air embaumé ; au bout du jardin sur le devant, les vieux nids délabrés des corneilles se balancent dans les branches des ormes. Puis me voilà dans le jardin derrière la 5 maison, au delà de la cour où se trouvent le pigeonnier et le chenil déserts. Tel que mon souvenir me le montre, c'est une véritable réserve de papillons entourée d'une haute clôture, avec une barrière fermée d'un cadenas ; les arbres y sont chargés de fruits, plus mûrs et plus savoureux que jamais 10 fruits ne le furent dans aucun autre verger : ma mère en cueille quelques-uns dans un panier, tandis que je me tiens debout près d'elle, gobant à la dérobée des groseilles à maquereau et m'efforçant de prendre un air dégagé. Un grand vent s'élève et du coup voilà l'été fini. Nous jouons dans le crépus- 15 cule d'hiver, nous dansons autour du salon. Lorsque ma mère, hors d'haleine, se laisse tomber dans un fauteuil, je la regarde enrouler autour de ses doigts ses boucles soyeuses, rajuster son corsage et personne mieux que moi ne sait qu'elle aime paraître en beauté et qu'elle est fière d'être si jolie.   H. E. B.   20

1. **je revois.** In a case like this, French is more explicit than English, which leaves the context to show that the scene is a familiar one *r*ecurring to the author's mind.

l'extérieur : var. *le dehors*, less suitable as less definitely architectural.

Les fenêtres...ont été ouvertes. Here we may either retain the construction and say *avec les fenêtres grandes ouvertes*, or else omit 'with' (see 'Man.' p. 8) and begin a new sentence. The latter course tends to greater clearness and elegance.

2. **treillissées :** var. *à losanges.*

3. **entrer :** var. *pénétrer.*

embaumé : var. *parfumé.*

du jardin sur le devant...5. le jardin derrière la maison. The distinction between 'front garden' and 'back garden,' common in English, is foreign to French practice. In France the usual terms for 'garden' are *le jardin* (the generic term, but frequently = the 'flower-garden') ; *le potager* (for vegetables and herbs), *le verger* ('orchard,' for fruit trees). Thus *le jardin de devant* and *le jardin de derrière* are not suitable translations. It is necessary to define more explicitly the position and to say *e.g. le jardin sur le devant, le jardin derrière la maison,* and (l. 11) *le verger.*

4. délabrés: var. *déchirés*; "*dépenaillés*" refers rather to persons and their clothes.

corneilles: var. *corbeaux* (m.) properly 'ravens' but also used as the generic term = 'crows'; *corneille* (f.) indicates the *species*, viz. 'rook.'

se balancent. "*Pendillent*" would perhaps suggest smaller objects than 'rooks' nests.'

6. au delà de la cour: var. *par delà la cour* (see 'Man.' p. 61).

le chenil: var. *la niche*, better here, but discarded because *chenil* was used in No. XVI, where the epithet 'great' called for it.

7. déserts. The variant *abandonnés* would give the notion of 'disused,' not that of 'lonely,' which is implied: *vide* would merely state a fact, without suggesting the reflection that where there were once pigeons and a dog, now there is only desolation.

Tel que mon souvenir me le montre: var. *Tel que je le revois dans mon souvenir*, which would, however, unfortunately repeat the *je revois* of l. 1.

8. réserve. If these recollections of boyhood refer to chasing butterflies, *chasse réservée* = 'game preserve' is appropriate; a more general term like *paradis* (in its exact and etymological sense) would also not be out of place: cp. P. Arène, *Contes*, p. 246: Et cela s'appelle un cabanon, *paradis* pour lézards.

clôture: var. *palissade* (f.).

9. fermée d'un cadenas. This is a case where the literal translation would appear odd (cp. No. IV, note to l. 2). But it could well be defended, for the boy's mind may have recalled first the gate and then, by a sudden further recollection, the padlock: *une barrière...et un cadenas.*

les arbres...: var. *Les fruits y pendent en grappes sur les arbres*, but the rendering adopted gives a neater and clearer construction.

12. un panier: var. *une corbeille* (f.).

13. près d'elle: var. *à ses côtés.* **à la dérobée**: var. *furtivement.*

14. un air dégagé: cp. R. Rolland, *Jean-Christophe* (*L'Aube*), p. 45: Il prenait *un air dégagé.* Var. *un air de sainte-nitouche* (also written *saint-n'y-touche*). Cp. André Laurie, *Mémoires d'un Collégien*: Oh! ne fais pas le *saint-n'y-touche*! repris-je en écumant de rage. Le papier porte ton nom écrit tout au long, de ta propre main. Var. *un air impassible.*

Un grand vent &c. : var. *un vent violent se met à souffler, et l'été a disparu en un clin d'œil.*

16. nous dansons. The dancing took place later than the playing in the winter twilight and therefore 'we are' is to be understood before 'dancing.' In other words, 'dancing' is not explanatory, but independent, of 'playing'; hence the translation by a finite verb.

salon : var. *parloir*, which, however, is often restricted to mean the room where parents are received in a boarding school. In Lamartine's *Confidences* mother and children generally use *le petit salon*.

17. hors d'haleine. One is apt to forget that this is as good French for 'out of breath' as is *essoufflé*.

se laisse tomber : more vivid than the normal equivalent *se repose.*

18. enrouler : var. *qui enroule.*

soyeuses. Often used of silky tresses. It is just possible that *blondes* may be the author's meaning, but "luisantes" is unlikely.

19. 'Straightening her waist' would at first sight mean *redresse sa taille*, but on further reflection on the context, which describes the young mother resting after a dance, it seems as if 'waist' may rather be used as in older English (and to the present day in U.S.A.) to mean 'blouse,' in which case *corsage* is the appropriate word.

20. In the same way, 'to look so well' can scarcely have its surface meaning = *avoir si bonne mine*. More probably it is like 'looking one's best,' in French *être en beauté*. Cp. *Cette femme n'était pas en beauté hier au soir*, defined by the Dictionary of the Academy as = Elle paraissait moins belle qu'à l'ordinaire. Cp. also D. Lesueur, *La Force du Passé* : *Jamais elle n'avait été plus à son avantage*. Otherwise, we might say : *combien elle jouit de sa bonne mine* or *qu'elle est contente d'avoir si bonne mine.*

XVIII. Repos et Gratitude.

C'était une chambre agréable, tout en haut de la maison, et dominant la mer, sur laquelle la lune brillait d'un vif éclat. Je me souviens que, après avoir fait mes prières et lorsque la bougie, brûlée jusqu'à la bobèche, se fut éteinte, je restai assis à regarder le clair de lune sur l'eau comme un livre resplendissant où je pourrais lire ma destinée : ou comme si je m'attendais à voir ma mère avec son enfant descendre du ciel le long de cette voie lumineuse pour me regarder comme elle l'avait fait la dernière fois que j'avais vu son doux visage. Je me

souviens que le sentiment grave avec lequel je détournai enfin
les yeux fit place à la sensation de gratitude et de repos que
m'inspiraient la vue du lit aux rideaux blancs,—et combien
plus encore, la joie de m'y étendre doucement, de me blottir
entre les draps blancs comme la neige! Et il me souvient
d'avoir pensé à tous les endroits solitaires où j'avais couché à
la belle étoile, et d'avoir prié Dieu de ne me plus laisser désormais sans gîte et de m'empêcher d'oublier jamais ceux qui
n'en ont pas. Et il me sembla alors que je descendais cette
voie grandiose et mélancolique que la lune traçait sur la mer,
pour m'en aller bien loin, jusque dans le royaume des rêves.

XIX. (i) LE SOLEIL DE MINUIT.

Un silence de mort ; *car même sous les latitudes arctiques
minuit a son caractère distinctif* : rien que les roches de granit
avec leurs teintes de pourpre et le pacifique murmure de
l'Océan polaire soulevé par une ondulation lente, au-dessus
5 duquel, dans l'extrême nord, pend le grand soleil, bas et
paresseux, comme si, lui aussi, il voulait s'assoupir. Pourtant
sa couche de nuages est tissue d'écarlate et de drap d'or ;
pourtant sa lumière ruisselle sur le miroir des eaux comme un
pilier de feu qui vacille descendant vers l'abîme et se couchant
10 sous mes pieds. En de tels moments, la solitude *aussi* est
sans prix ; qui voudrait parler ou être vu, lorsque derrière lui
gisent l'Europe et l'Afrique profondément endormies, *excepté
les veilleurs*, et que devant lui s'ouvrent l'immensité silencieuse
et le palais de l'Éternel, dont notre soleil est une lampe, une
15 lampe du porche?

H. TAINE, *Histoire de la Littérature anglaise*
(Hachette, 1897), V, pp. 233–4.

N.B. The words in italics are not in Taine's version, which
begins : 'Un silence de mort, dit-il en parlant d'un coucher de soleil
au cap Nord.' The rendering suggests the following remarks and
variants, which may be useful for teaching purposes :
1. **Un silence de mort.** This is the regular way of translating
'as' in this use ; cp. *des fiertés* de *lion blessé* ('Trans.' p. 8) = proud
(gestures) *as* of a wounded lion.
2. **a son caractère distinctif**: var. *a un caractère particulier.*

roches. Strictly speaking, they were *falaises*, but Taine rightly prefers the more general term, as being more appropriate to the tone of the English and to the character of the epithet *de granit*.

3. **avec leurs teintes de pourpre** : var. *aux teintes cuivrées*.

le pacifique murmure. The more obvious rendering, *la paisible rumeur* (see 'Trans.' p. 110 and § 40), is less happy; le *clapotement* = 'splash,' therefore unsuitable here.

5. **l'extrême nord** : cp. *l'extrême Orient* = 'the Far East'; var. *dans les profondeurs du nord*.

pend : var. *est suspendu*.

6. **comme si** &c. : var. *comme s'il sommeillait lui aussi*.

Pourtant. It is just possible that 'yet' may have a notion of *encore*. Var. *Sa couche...est encore ouvragée d'or et d'incarnat ; ses rayons, comme le tremblement lumineux d'une colonne de feu, inondent encore le miroir* etc. For the possible Biblical allusion in 'fire-pillar' cp. Renan, *Souvenirs d'Enfance*, p. 321 : Ma sœur dont la haute raison était depuis des années comme la *colonne lumineuse* qui marchait devant moi.

9. **se couchant**: perhaps suggested by, or an error for, the literal *se cachant*. Var. *plongent au fond de l'abîme et viennent mourir sous mes pieds*.

10. **En de tels moments**: common variant, *A de pareils moments*.

11. **lorsque** : var. *alors que*.

12. **gisent** &c. : var. *où tout dort d'un profond sommeil, tout excepté les veilleurs*. Taine omitted the words 'except the watchmen,' possibly because they suggest 'une vérité de La Palisse'; but they would not seem ludicrous to readers familiar with Carlyle's Gospel of Work.

13. **silencieuse** : var. *muette*.

14. **est.** A contemporary writer could scarcely resist the usual *n'est que* (see 'Trans.' § 69).

une lampe : cp. Pascal, *Pensées* : cette éclatante lumière, mise comme *une lampe* éternelle pour éclairer l'univers.

XIX. (ii) SOIR D'ÉTÉ.

C'est ainsi pourtant que le Jour a décliné. Des mortels fatigués rentrent, à pas lents, du labeur champêtre ; l'artisan villageois savoure son souper de légumes, ou bien est allé flâner dans la rue, en quête d'une bouffée d'air frais ou de nouvelles des humains. Partout le calme d'un soir d'été ! 5

L'immense soleil flamboie, suspendu dans le lointain du nord-
ouest, car c'est aujourd'hui le jour le plus long de son année.
Les sommets des collines en fête auront bientôt revêtu leurs
teintes les plus vermeilles et nous souhaiteront le bon soir en
10 rougissant. Dans les vallons verdoyants la grive, perchée sur
les ramilles aux ombres prolongées, lance à plein gosier sa
joyeuse sérénade, accompagnée par le murmure des ruisseaux,
devenu plus distinct car le silence s'épand sur la terre.

Title. Literally 'Le Soir de la Saint-Jean' (June 23), but cp. 'A
Midsummer Night's Dream' = *Songe* (m.) *d'une nuit d'été.*

1. C'est...que...: necessitated by the desirability of giving value
to the inversion of the English.

a décliné: cp. Loti, *Ramuntcho*, p. 139 : à mesure que *déclinait*
le jour. Var. *est allé vers (touche à) son déclin*; *a baissé* would refer
to fading light, rather than to the sun sinking on the horizon.

2. rentrent &c.: the use of *le mot juste* (*rentrer* = 'to return
home')* shortens what would otherwise be necessarily a cumbrous
paraphrase : *quittent les travaux des champs et s'acheminent vers la
maison. Rentrent des labours,* which is tempting ('The plough-
man homeward plods his weary way'), is impossible here because
labours does not mean 'field-labour' generally, but only 'ploughing'
('plough-lands') and could not well apply to Midsummer ; *du labeur
champêtre* is safer and quite in keeping with the 'Impressionist' style
of the English.

For **à pas lents** cp. La Fontaine, *La Mort et le Bûcheron* : *Un
pauvre Bûcheron...Gémissant et courbé, marchait* à pas pesants, *Et
tâchait de gagner sa chaumine enfumée,* where, however, *pesants* is
perhaps accounted for by the weight of the burden carried. Var. *en
se traînant.*

3. savoure: var. *se régale de* ; *déguster* is said of liquid refresh-
ment only.

souper de légumes. *Sa soupe aux herbes* is also possible, *soupe*
being often used of the evening meal, generally in humble homes.

4. la rue. After *villageois* above, it is unnecessary to add *du village.*

une bouffée: cp. Flaubert, *Correspondance,* III, 119 : Quelle
bonne *bouffée d'air* je humerai en montant à Marseille sur le bateau à
vapeur, and Loti, *Roman d'un Enfant,* p. 102 : respirer *une bouffée
d'air* glacé. Var. *un souffle.* Both "*bouchée*" and "*gorgée*" are unsuitable, meaning 'a mouthful' in the more material sense.

frais : "*doux*" would suggest warmth, whereas 'sweet' must
here refer to the refreshing coolness of the evening ; var. *pur.*

5. nouvelles des humains: var. *des hommes*; *du jour*; cp.
Lamartine, *Harmonies poét. (Le Regret du pays natal)* : Fontaine où
les pasteurs accroupis tour à tour Attendaient goutte à goutte une
eau rare et limpide, Et, leur urne à la main, *s'entretenaient du jour.*
le calme: var. *la sérénité.*
6. immense: var. *grand.*
dans le lointain du nord-ouest: cp. Flaubert, *Salammbô*,
Chap. v : Une lampe en forme de galère brûlait *suspendue dans le
lointain de* la chambre; var. *au fond de l'occident*; *à l'extrême nord-ouest.*
7. son année. As we can scarcely say "*son*" *jour le plus long
de l'année,* it seems quite legitimate to place 'his' along with 'year.'
Var. *la Saint-Jean.*
8. en fête: var. *en liesse, en joie*; cp. Flaubert, *Ibid.* Chap. xv :
Carthage était en joie—une joie profonde, etc., the town being per-
sonified.
9. et nous souhaiteront: var. *pour nous souhaiter.* For the idea,
cp. P. Verlaine, *Nocturne parisien* :
Sur la tête d'un roi du portail, le soleil,
Au moment de mourir, pose un baiser vermeil ;
A. de Musset, *Rolla* :
Quand le soleil se lève aux beaux jours de l'automne,
Les neiges sous ses pas paraissent s'embraser.
Les épaules d'argent de la Nuit qui frissonne
Se couvrent de rougeur sous son premier baiser ;
Th. Gautier, *Voyage en Espagne* : le baiser d'adieu du soleil.
10. perchée &c. The meaning might possibly be : *sur un
rameau feuillu à l'ombre prolongée*; var. *une branche feuillue aux
ombres démesurées.*
11. lance &c. : var. *fait jaillir, jette,* said of the thrush's song ;
égrener, also thus used, would in this instance contradict 'pours
gushing,' because it would suggest pearly notes.
12. accompagnée par. It would not be sufficient to use *au
murmure,* though *au rythme* might stand.
13. s'épand sur. This is the stock expression (see 'Trans.'
p. 104) ; var. *envahit, gagne.*

XX. Craintes d'Enfant.

J'avais peur des navires. Pourquoi ? je n'ai jamais pu me
l'expliquer. Les mâts me paraissaient terriblement hauts, et
pourtant ils n'étaient pas si hauts que le clocher de notre vieux
temple aux murs jaunis. Quoi qu'il en soit, j'avais l'habitude

5 de me couvrir les yeux pour ne pas voir les barques et les
goëlettes qui étaient généralement mouillées au bout du pont,
et j'avoue que les traces de cette terreur indéfinissable me
restèrent très longtemps. Une autre source de crainte avait
pour moi une portée plus effrayante encore. Il y avait une
10 immense MAIN de bois (enseigne d'un gantier) qui se balançait
et grinçait au vent, suspendue qu'elle était à un pilier devant
une certaine boutique à une lieue environ de la ville. Oh!
cette main horrible! toujours suspendue là, prête à happer
quelque petit garçon qui ne rentrerait plus jamais souper ni
15 même coucher,—dont l'écuelle vide serait désormais mise de
côté et dont les souliers à moitié usés attendraient que son
petit frère fût devenu assez grand pour les mettre.

   1. des. The simple form of this sentence is: Je craignais *les*
navires. Therefore when a verbal phrase with *de* is substituted for
craignais, des and not "de" is required.

   je n'ai jamais pu me l'expliquer: var. *je ne saurais le dire*;
the choice between these expressions depends on the interpretation
of 'could.' Clearly it means 'I was unable to tell then' and not
'I should be unable to tell if I tried.' For the sense of '*je n'aurais
pu le dire*,' cp. Fromentin, *Dominique*, p. 97: Tout à coup l'idée me
vint de changer de place. Pourquoi? Je n'aurais pu le dire = 'I could
not have told,' had I been asked.

   3. clocher: var. *clocheton*; cp. Theuriet, *Sous Bois*: La chapelle
est une bâtisse modeste, surmontée d'un *clocheton*. The word *flèche*,
which students generally use here, is more specific = a spire or slender
steeple contrasted with other architectural forms and unlikely to be
used of an unpretentious 'meeting-house.'

   4. temple insists on the notion of Protestantism, *chapelle* perhaps
more on that of ritual.

   aux murs jaunis. It seems necessary to expand, because *jaune*,
and in a less degree *jaunâtre*, sound odd without further commentary.

   j'avais l'habitude. The Past Continuous is not explicit enough.

   5. couvrir: var. *cacher*: cp. A. de Vigny, *Serv. et Grandeur mil.*
p. 101: *cachant* ma tête et *mes yeux.*

   barques: not quite exact, but preferable to the technical *sloops.*

   6. Similarly *généralement* is required to render the full force of
'were wont'; var. *se trouvaient généralement.*

   mouillées: var. *amarrées*: cp. *Dominique*, p. 91: les mâts des
navires *amarrés* dans la rivière.

7. **indéfinissable**: var. *irraisonnée*; "*indéfinie*" is not sufficient.

8. **crainte**: var. *terreur*, avoided here because already used.

11. **grinçait**: cp. A. France, *Livre de mon Ami*, p. 183: J'entrai dans l'auberge, dont l'*enseigne* faisait *grincer* tristement sa chaîne au vent.

suspendue qu'elle. In the earlier editions of 'Man.' *que* was inadvertently given as "*comme*."

15. **mise de côté**: *remisée*, suggested in the note, is mostly used of carriages, but sometimes = '*remettre en magasin*'; it adds a slightly humorous touch.

16. **à moitié**: seems more usual in this connection than *à demi*.

17. **mettre**: var. *chausser*, which, however, has generally reference to the appearance, to an unusually 'good fit,' *e.g.* Ces souliers vous *chaussent* bien.

XXII. LE CLIMAT D'ÉDIMBOURG.

Assise sur la pente et le sommet de trois collines, la vieille et célèbre métropole du Nord domine un estuaire battu par les vents. Aucune situation ne pourrait être plus imposante pour la capitale d'un royaume, aucune mieux choisie quant à la beauté des perspectives. Du haut de ses rochers à pic et de 5 ses jardins en terrasse elle embrasse de lointains horizons de mer et de vastes campagnes. Du côté de l'est, on peut surprendre, à l'heure où le soleil se couche, l'étincelle du phare de May, là où le golfe s'épanche dans la mer du Nord; et, bien loin à l'ouest, par delà toute la plaine de Stirling, on peut 10 apercevoir les premières neiges sur le Ben-Lédi.

Mais la ville d'Édimbourg paie chèrement sa fière situation; elle jouit d'un des climats les plus détestables qui existent sous les cieux. Elle est exposée à être battue par tous les vents qui soufflent, à être trempée de pluie, ensevelie dans de froids 15 brouillards de mer venus de l'est, et poudrée de la neige que le vent du nord chasse des montagnes des Hautes-Terres. Le temps y est froid, humide et orageux en hiver, capricieux et maussade en été et, au printemps, constitue un véritable purgatoire météorologique. Les personnes délicates y meurent 20 jeunes, et moi-même, qui leur survis parmi les âpres vents et la pluie battante, j'ai été quelquefois tenté d'envier leur sort.... Et pourtant cette cité sait s'attacher les cœurs; où que nous

allions, nous n'en trouvons point qui ait le même cachet de
25 distinction.

1. **vieille et célèbre.** The variant *ancienne* is also suitable
here, since the context would make it clear that 'former' was not the
sense intended. In a general way, 'famous' is better rendered by
célèbre than by *fameux* (see 'Man.' p. 20), which requires somewhat
delicate handling because of its frequently ironical or playful associations, but is none the less a good literary term, perhaps slightly
archaic: *e.g.* Lamartine, *Premières Méditations poétiques*: Mon ami
me dit que ce jeune homme était un *fameux* poète anglais, appelé
Lord Byron. ,

2. **battu par les vents**: cp. Renan ('F. P.' p. 273): toujours
battue par les orages; var. *battu des vents*: cp. Leconte de Lisle,
Poèmes barbares, p. 247: les mers *des vents battues.*

4. **quant à** &c. The translation *pour de nobles perspectives*
would be open to the objection that *pour* would more naturally
introduce a phrase intended to balance the preceding one, *pour la
capitale d'un royaume.*

5. **Du haut de**: see 'Man.' p. 28, *s.v.* 'FROM.'

rochers à pic. It is impossible to use *précipice* here, because it
means not the rocky sides, but the void, of a 'precipice.' Thus
Taine, translating the sentence in Macaulay's *History of England*,
vol. v, describing Glencoe, 'Huge *precipices* of naked stone frown on
both sides,' says: De grands *murs de roc* menacent des deux côtés.

6. **elle embrasse** &c. It is quite possible to personify the town
and say *e.g. promène ses regards*; cp. Lamartine, *Voyage en ~Orient*:
Je remonte au palais de David. Il *plonge ses regards* sur la ravine de
Josaphat; var. *elle a vue, au loin et au large, sur la mer et les vastes
campagnes.*

7. **Du côté de**: see No. II, note to l. 1.

surprendre: var. *apercevoir.*

8. **à l'heure où** &c.: var. *au coucher du soleil*, to avoid repetition
of *où.*

l'étincelle: cp. Fromentin, *Dominique*, p. 188: Des feux s'allumaient à fleur d'eau: soit la vive *étincelle* des phares.... Var. *l'éclair.*

9. **s'épanche**: cp. Th. Gautier, *Le Glacier du Rhône*: Le grand
fleuve que nous avons vu *s'épancher* dans l'azur de la Méditerranée:
var. *va, en s'élargissant, se perdre dans....*

10. **plaine.** The word 'carse' means 'the stretch of low alluvial
land along the banks of some Scottish rivers. The flat lands...on the
Forth are called the Carse of Stirling and the Carse of Falkirk. The

name appears to have originally referred to their wet fenny character, but is now associated with their rich fertility' (O.E.D.). The connection of meaning is thus somewhat as in *marais* = A Paris et aux environs, terrain bas où l'on fait venir des légumes (L.). But it scarcely seems necessary to render the word by anything closer than *plaine*.

12. la ville d'Édimbourg. The periphrasis perhaps adds to the dignity of the phrase ; it is not essential here, though sometimes useful where the gender of a Place-Name is doubtful. *Édimbourg* is feminine.

13. jouit is so often used thus, semi-ironically, that it is permissible here : cp. Flaubert, *Corr.* III, p. 236 : Après plusieurs jours de froid et de pluie...nous *jouissons* maintenant d'une température étouffante ; var. *Mais son site élevé, Édimbourg le paie et cruellement, d'un des plus vilains climats qui soient sous les cieux.*

14. exposée à : var. *condamnée à, susceptible de.*

15. trempée : var. *inondée.*

16. venus de : often useful in translating 'from,' which may be more pregnant than *de.*

poudrée : cp. Daudet, *Lettres de mon Moulin* (*Les Oranges*): la ville *poudrée* à blanc: tous les fruits *poudrés* à frimas: var. *saupoudrée.*

que le vent du nord &c. Some freedom is allowable, to obviate an accumulation of adverbial clauses ; var. *lorsqu'elle fuit vers le sud, chassée des montagnes* etc.

17. Hautes-Terres: var. *Highlands* (see No. VIII, note to *Title*).

18. y. The greater precision of French makes the use of *y* necessary in such cases as the present, where English leaves the notion to be understood.

et orageux : var. *et la bourrasque règne.*

capricieux : var. *inconstant.*

21. jeunes : var. *de bonne heure.*

leur survis. Here again French construction is more explicit than English.

23. où que nous allions. It seems best to alter the expression and thus avoid ambiguity, since otherwise *ils* would naturally be taken as going with *cœurs.*

XXIII. La Rue des Princes, a Édimbourg.

Et puis, de tous côtés, comme les architectures se heurtent! Dans cette seule vallée, où la vie de la cité se poursuit le plus activement, on peut voir, s'étageant les uns sur les autres par suite des accidents du terrain, des édifices de presque tous les styles qui existent sur le globe.   Temples égyptiens et grecs, 5

palais vénitiens et flèches gothiques, sont entassés pêle-mêle
dans un beau désordre; tandis que, les dominant tous, la masse
brute du château et le sommet de Arthur's Seat regardent de
haut ces imitations avec la dignité qui leur sied, comme les
10 œuvres de la Nature ont le droit de regarder de haut les
monuments de l'Art.

Mais la Nature est plus éclectique dans ses goûts que nous
ne l'imaginons, et ne craint nullement les effets violents. Les
oiseaux perchent aussi volontiers parmi les chapiteaux corin-
15 thiens que dans les anfractuosités du rocher; la même
atmosphère et la même lumière baignent la roche éternelle et
le portique qui n'est qu'un pastiche moderne. Et tandis que
le doux soleil du nord découpe chaque relief avec une netteté
glorieuse—ou que la brume roulant de l'est avec le crépuscule
20 bleu, fond en un seul ensemble tous ces éléments hétérogènes,
que les réverbères commencent à étinceler le long de la rue et
de faibles lumières s'allument aux hautes fenêtres de l'autre
côté de la vallée—on est gagné peu à peu par le sentiment que
c'est aussi là une œuvre de la Nature au sens le plus profond
25 du terme, que ce fouillis bizarre, cette féerie de pierres de
taille et de roc vif n'est pas le décor de quelque théâtre, mais
bien une cité dans le monde des réalités journalières, reliée
par le chemin de fer et le télégraphe à toutes les capitales de
l'Europe et habitée par des citoyens du type que nous con-
30 naissons, qui tiennent des livres de compte, fréquentent l'église
et ont vendu leur âme immortelle à un journal quotidien.

1. **de tous côtés.** Students often confuse this expression with
de toutes parts, which means '*from* all sides (directions).'

2. **cette seule vallée.** This sense of 'one' (= 'single') is
generally rendered by *seul*, placed before the noun.

cité. The substitution of *cité* for the normal *ville* avoids the
unpleasing alliteration *la vie de la ville*.

se poursuit. The past participle is frequently used by students
in such cases as this ("*est poursuivie*"). A general recommendation
to remember the existence of the reflexive form before hastily writing
down the past participle, is the best means of preventing such errors.

3. **s'étageant.** This renders both 'above' and 'behind.'

4. **terrain.** When the reference is to the nature of the ground,
its configuration or substance, *terrain* (m.) is the proper word. For a

similar description see Flaubert, *Salammbô* ('Trans.' No. xviii): les hautes maisons inclinées sur la pente du terrain.

5. Temples...palais...flèches. The omission of the partitive article in such enumerations lightens and improves the sentence.

7. un beau désordre. The quotation (*Macbeth* iii, iv) calls for another, and it is difficult to avoid the hackneyed, and now generally ironical: Chez elle [l'ode] *un beau désordre* est un effet de l'art (Boileau, *Art poét.* ii).

8. Arthur's Seat: the usual form is *Arthur Seat.*

9. la dignité qui leur sied: var. *une juste* dignité.

10—11. Cp. Mme de Staël, *Corinne*, ch. iv [at St Peter's, Rome]: C'était la première fois que l'ouvrage des hommes produisait sur lui l'effet d'une merveille de la nature; Lamartine, *Confidences*, p. 162: Le Colisée...rivalisant par la masse et par la durée avec les œuvres mêmes de la nature.

12. éclectique. 'Terme de philosophie qui admet ce que chaque système paraît offrir de bon. Dans le langage ordinaire, se dit de tout' (Littré). It is used exactly in the required sense by J. K. Huysmans: Moi, vous savez, je suis *éclectique*, tout m'intéresse, j'ai là, sans restriction d'écoles, les spécimens d'art les plus divers.

14. perchent. Cp. Marcel Proust, *Pastiches et Mélanges*, p. 271 note: la puissance étrange et grave qui enroule des feuilles ou *perche des oiseaux dans ces chapiteaux.* French appears to have no precise equivalent of 'roost' ('to settle on a perch or the like for sleep or rest, to settle for sleep, go to rest' O.E.D.). The French terms are less wide in their application, viz. *se poser, e.g.* Flaubert, *Corr.* ii, p. 44: sur la corniche démantelée viennent *se poser* des oiseaux; *se loger, e.g.* Fromentin ('F. P.' p. 251): les oiseaux qui aiment les arbres et qui n'auraient pu *se loger* ailleurs. So also *jucher* and *nicher.*

15. anfractuosités: var. *fentes* (f.); *interstices* (m.), cp. Barrès, *Sainte Odile*: des arbres...ayant poussé, Dieu sait comment, dans les *interstices* de la dure roche.

For **rocher**)(**roche** see 'Man.' p. 22, *s.v.* 'ROCK.'

16. baignent: var. *revêtent.*

18. découpe chaque relief. We borrow the expression from É.-M. de Vogüé, *Les Tombeaux des Khalifes* ('Trans.' No. xxii): Mieux que le plein jour, la lumière de la lune *découpait chaque relief* des mosquées funéraires.

19. glorieuse: var. *rayonnante.*

la brume: *les brouillards* would be less suggestive of evening.

roulant de l'est &c. Cp. Leconte de Lisle, *Sommeil du Condor* ('Trans.' p. 144): La nuit *roule* de l'est, and L. Bertrand, *L'Invasion*

('Trans.' No. XXVIII): Une mer de brouillards dorés *roulait* sur Marseille; var. *montant dans le crépuscule bleu; s'élevant à l'heure bleue du crépuscule.* But it is doubtful whether a more literal translation is not perfectly legitimate; cp. Marcel Proust, *Du Côté de chez Swann*, I, p. 114: en cette extinction de *soirs bleus*, and *le bleu du soir* is a common phrase, *e.g.* Proust, *Pastiches et Mélanges*, p. 237.

23. on est gagné &c. The literal *le sentiment vous gagne* (*envahit*), although French enough, would make an awkward sentence, separating *que* from *sentiment*, with which it is closely associated in sense.

26. roc vif = 'ce qui forme le roc même par opposition à la terre, au sable qui le recouvre' (Littré), who quotes Saussure : Ce chemin taillé de main d'homme dans le *roc vif*; cp. also Lamartine, *Confidences*, p. 183: Cet escalier de *roc vif* était remplacé par quelques marches artificielles; and Fromentin, *Un Été dans le Sahara*, p. 39: Imagine un pays tout de terre et de *pierres vives.*

décor. The technical term for 'drop-scene' is *rideau d'avant-scène* : *scène* seems to be used in very much the same way by V. Hugo : à de certaines heures cet ensemble n'est pas un paysage, c'est une *scène.*

27. journalières : var. *de tous les jours.*

29. que nous connaissons. The word *familier* would not here convey much meaning.

30. l'église. In France a Protestant church is usually known as *un temple*, but since in this case the great majority of the churches are well known to be Protestant, the generic term *église* is preferable.

31. âme : var. *portion* : 'terme mystique ; part de chaque homme dans les dispensations de la Providence' (Littré).

XXIV. La Chapelle de King's College a Aberdeen.

Loin dans le pâle Nord-Est est la chapelle que j'aime. Elle se cache dans l'originale cité d'un peuple à part, où la vie est quelquefois d'une douceur aussi pénétrante que les crépuscules, aux teintes adoucies, des printemps tardifs, plus souvent âpre comme la houleuse mer du Nord qui se rue sans relâche à l'assaut de la lointaine étendue grise du môle. Les siècles ont divisé la cité en une vieille ville et une nouvelle. Ma chapelle, on ne la trouvera pas dans la Ville Neuve, qui est bien trop neuve, partant trop banale—série de rues de granit, où se promènent des bourgeois de granit, habitant des maisons de granit et se rendant le dimanche à des temples de granit.

Mais tranquille, retirée loin du trafic et de la foule, peuplée de professeurs, d'étudiants, de vieilles demoiselles et d'autres personnes excentriques, la Vieille Ville repose, pensive. C'est un doux poème du temps jadis, imprimé en caractères gothi- 15 ques et bizarres, et dont la strophe la plus vantée est son 'Collège du Roy,' toujours adoré, toujours adorable, dont à son tour le plus beau vers est sa chapelle.

Si vous voulez visiter la Vieille Ville, choisissez de préfé- rence un matin des premiers jours de l'automne, cette saison 20 exquise et triste où l'Ange du Passé fait de l'âme son royaume. C'est alors que les arbres laissent tomber leurs feuilles aux couleurs ardentes—comme des aveux d'amours et de rêves fastueux qui prennent fin—pour qu'elles se désagrègent dans la poussière amie. C'est alors que la voûte des cieux s'étend 25 lointaine et bleue, palpitant des rayons d'un soleil froid et pur, tandis que, entre le ciel et la terre, se répand le matin, clair comme un diamant, d'une pureté qui vous pénètre.

1. Var. *Dans les lointains pâles du Nord-Est.*

2. **à part.** The variant *original* scarcely lends itself to repetition, because it attracts too much attention in this sentence.

4. **aux teintes adoucies**: "aux tendres couleurs" is unsuitable, because *tendre* is hackneyed, and generally expresses a delicate shade of *light* colours, *e.g. rose* (*vert*) *tendre.* The phrase might be expanded: *mais où elle est plus souvent.*

5. **se rue** &c.: or simply *assiège*: cp. G. Lenotre, *Légendes* (*La Poupée*) (Dent): la côte...protégée par un archipel de récifs que la mer *continuellement assiège.*

6. **Les siècles** &c. The Active Voice is preferred by most con- temporary writers as being more forcible and concise.

8. **bien.** This would have been a case for *par trop*, were it not that *partant* (an 'Academic' word) follows immediately.

9. **série**: var. *réseau, entrecroisement, enchevêtrement.*

de granit: cp. Renan, *Souvenirs d'Enfance*, p. 172: mes vieux prêtres de Bretagne, têtes vénérables, totalement devenues de bois ou *de granit*; var. *granitiques*, cp. Balzac, *Le Médecin de Campagne* ('F. P.' p. 163): les deux hautes murailles *granitiques.*

11. **le dimanche.** This might almost be rendered by the semi- playful *tous les dimanches que Dieu fait.*

12. **retirée**: var. *recueillie* (see 'Trans.' p. 137).
The literal "*de* tout *trafic et de* tout *brouhaha*" is cacophonous.

13. **professeurs**: var. *maîtres*, a generic designation of University teachers.

vieilles demoiselles: *demoiselles d'un certain âge* might be substituted, to obviate repetition of *vieille*.

14. **repose, pensive**: var. *s'abandonne au rêve*. N.B. "*se repose*" implies fatigue.

15. **caractères** (m.), the customary printer's term, *e.g. caractères gras* = 'heavy type.'

16. **bizarres**: "*surannés*" is impossible here because implied in *gothiques*. **vantée**: var. *fière*.

17. **Collège du Roy**: the old name of the Collège de France. The archaic spelling is a harmless whim.

18. Var. *le vers le plus beau*; cp. for the order: Musset, *La Nuit de Mai*: Les plus désespérés sont les chants *les plus beaux*; but "*beau est*" makes an unpleasant hiatus.

19. **Si** &c.: var. *Si l'on veut visiter la Vieille Ville, que ce soit par un matin au début de l'automne.*

24. **prennent fin**: var. *finissent*: cp. Vogüé, *Le Maître de la Mer* ('Trans.' I, p. 163): déjà l'automne pour les complexions intuitives, sensibles aux nuances des choses qui déclinent et *finissent.*

se désagrègent &c.: var. *redeviennent poussière*, or *retournent à la poussière d'où elles sont nées.*

25. **la voûte des cieux**: a somewhat pompous phrase, but useful here to vary the wording because of *ciel*, which follows.

26. **palpitant** &c.: var. *et vibre de la lumière froide et pure du soleil.*

27. Var. *entre ciel et terre le matin brille comme un diamant, et sa pureté vous poigne le cœur.*

XXV. La Chapelle de King's College a Aberdeen (Suite).

La meilleure façon de s'y rendre est de suivre une longue route écartée qui découvre tout à coup à la vue l'Aulton renfermé entre des masses de feuillage frémissant, aux reflets verts, bruns et dorés. Les paisibles groupes de maisons, les
5 tours jumelles grisâtres de la vieille Cathédrale, la couronne mystique du collège lui-même, soutenant avec une patience infinie le fardeau de sa souveraineté, comme si les siècles l'accablaient de leur tristesse—tout repose dans la lumière du matin comme une âme bien aimée dans le sein de Dieu.
10 Pénétrez de l'avant-chœur par la grille d'une sculpture exquise, et contemplez avec amour le beau sanctuaire. C'est un

joyau de chêne sculpté, car les stalles, la clôture et les chaires
du recteur et du principal sont toutes d'un bois séculaire,
travaillé avec une industrie patiente par les artisans d'une
époque où la main était vraiment l'instrument de l'âme.   15
   Impossible de décrire la chapelle. Absorbé dans la médi-
tation, vous finissez par distinguer comme dans un rêve les
teintes froides et indécises du dallage et le coloris vaporeux
de la voûte. Tantôt l'esprit s'arrête avec curiosité sur les
versets latins qui se déroulent bizarrement sur les murs et le 20
plafond. Tantôt il s'attarde sur les quatre vitraux qui répandent leurs lueurs mystiques sur l'abside.
   Cependant il faut faire un effort pour saisir tous ces détails.
La chapelle s'impose comme un ensemble. La gracieuse
vétusté du chêne sculpté, la douce et chaude lumière des 25
vitraux, l'émouvante musique des orgues, le flux et le reflux
de la voix cadencée du prédicateur, l'éclat des robes d'écarlate, même l'effet bizarre de la procession des professeurs,
massier en tête,—tout se fond en une suave et parfaite harmonie. Et une harmonie ne peut se décrire.   30

   1. Var. *Choisissez pour vous y rendre....*
   6. **mystique.** It is scarcely possible to say that *une couronne* is
"*rêveuse*" or "*mélancolique*" etc.
   8. **dans**: "sur" is impossible.
   11. **sanctuaire**: the technical term for the chancel from *la
clôture*, which screens it off from the nave, to the 'rounded end of the
building,' namely *l'abside* (f.).
   14. **industrie**: used in its sense of 'skill' (see 'Trans.' p. 11).
   17. **distinguer**: cp. Fromentin, *Un Été dans le Sahara*,
p. 14: vous *distinguez confusément* les deux ou trois minarets qui
dominent la ville.
   18. **froides**: var. *fraîches*, but that would be ambiguous as
meaning either 'cool' or 'fresh,' of which the latter would contradict
'faint.'
   dallage: cp. Flaubert, *St Julien* ('F. P.' p. 244): Les pavés de
la cour étaient nets comme *le dallage* d'une église.
   coloris: 'l'effet qui résulte de l'ensemble et de l'assortiment des
couleurs.' As the word generally implies 'rich' colouring *riche* may
be omitted here.
   vaporeux: cp. Balzac, *Le Médecin de Campagne* ('F. P.' p. 163):
les cimes grisâtres souvent aussi *vaporeuses* que les nuées.

20. le plafond: often used of churches etc. as well as of houses, cp. Renan, *Souvenirs d'Enfance*, p. 266: La *chapelle* [du Séminaire Saint-Sulpice], dont *le plafond* passait pour le chef-d'œuvre de Lebrun, a été détruite.

22. l'abside: see note to l. 11.

25. vétusté: so Fromentin, *Dominique* ('F. P.' p. 252).

26. émouvante: var. *entraînante, majestueuse, solennelle.*

29. massier en tête: cp. *musique en tête*; var. *que précède le massier.*   **suave**: var. *douce* (already used).

XXVI. Oxford.

Merveilleuse cité! si vénérable, si séduisante, si peu troublée par l'ardente vie intellectuelle de notre époque, si calme!

C'est là que s'ébattent nos jeunes barbares.

Et tandis qu'elle repose ainsi, toute baignée de sentiment, qu'elle étale ses jardins sous la lune et que du haut de ses tours murmure encore la voix enchanteresse du moyen âge, qui oserait nier que par son charme ineffable Oxford ne cesse de nous attirer vers notre but à tous, vers l'idéal, la perfection, la beauté, en un mot—qui n'est que la vérité envisagée d'un autre point de vue et dont elle nous rapproche mieux peut-être que toute la science de Tübingen?

Adorable rêveuse, dont le cœur fut toujours si chevaleresque, qui t'es prodiguée si généreusement, souvent à des partis et à des héros qui, certes, ne sont pas les miens, mais aux philistins, jamais! Refuge des causes perdues, des croyances abandonnées, des noms impopulaires, des loyautés chimériques! Quel exemple pourrait jamais nous exciter ainsi à refouler le Philistin qui se cache en nous, quel maître pourrait nous préserver ainsi de cette servitude à laquelle nous sommes tous sujets et que Gœthe, dans ces vers incomparables sur la mort de Schiller, loue hautement son ami—éloge noblement mérité—d'avoir laissé bien loin derrière lui—la servitude de *was uns alle bändigt*, DAS GEMEINE?...

Apparitions éphémères, que valent nos mesquines luttes contre les philistins au prix des batailles que cette Reine du Merveilleux leur livre depuis des siècles et leur livrera encore alors que nous ne serons plus?   H. E. B.

XXVIII. LE CHAMP DE BATAILLE.

Au temps jadis, peu importe le jour, et dans la vaillante Angleterre, peu importe le lieu, un combat acharné fut livré. Il fut livré par un long jour d'été, alors que l'herbe ondoyante était verte. Plus d'une fleur sauvage, formée par la main du Tout-Puissant pour servir à la rosée de calice parfumé, sentit 5 ce jour-là sa corolle émaillée se remplir de sang jusqu'au bord et, accablée d'épouvante, s'affaissa. Plus d'un insecte, dont les couleurs délicates étaient empruntées aux feuilles et aux herbes inoffensives, reçut ce jour-là du sang des mourants une teinte nouvelle et laissa dans sa fuite éperdue une trace mons- 10 trueuse. Le papillon aux vives couleurs emporta du sang sur le bord de ses ailes. La rivière coulait rouge. Le sol piétiné devint un bourbier où de sombres flaques, recueillies dans l'empreinte des pieds d'hommes et des sabots de chevaux, reflétant la même nuance sinistre qui dominait partout, miroi- 15 taient encore au soleil.

It is interesting to find a verse paraphrase of this passage in André Lemoyne's *Paysages de Mer* (1876) :

....

Une grande bataille autrefois fut livrée.

C'était comme aujourd'hui par un ciel de printemps.
Dans ce jour désastreux, plus d'une fleur sauvage,
Qui s'épanouissait, flétrie en peu d'instants,
Noya tous ses parfums dans le sang du rivage.

La bataille dura de l'aube jusqu'au soir ;
Et, surpris dans leur vol, de riches scarabées,
De larges papillons jaunes striés de noir
Se traînèrent mourants parmi les fleurs tombées.

La rivière était rouge, elle roulait du sang.
Le bleu martin-pêcheur en souilla son plumage ;
Et le saule penché, le bouleau frémissant,
Essayèrent en vain d'y mirer leur image.

Le biez du Moulin-Neuf en resta noir longtemps.
Le sol fut piétiné, des ornières creusées ;
Et l'on vit des bourbiers sinistres, miroitants,
Où les troupes s'étaient à grand choc écrasées.

....

2. **combat** &c.: var. *se livra une bataille acharnée. Elle....*

5. **calice**: var. *coupe* (f.), but the former with its sacred associations is more suitable here: cp. Daudet, *La Chèvre de M. Seguin*: des digitales à longs *calices.*

6. **se remplir**: the Infin. denotes the act of being filled, not the completed state.

7. **accablée d'épouvante**: var. *frissonnant, frémissant d'horreur.*

dont &c.: var. *qui empruntait ses couleurs délicates à des feuilles.*

11. **aux vives couleurs**: var. *peint* as in V. Hugo, *Hernani*:
        tous ces jeunes oiseaux A l'aile vive et *peinte,*
but in this case the alliteration would be unpleasant.

12. **coulait.** The colour of the river is the result of the series of events symbolized in the preceding sentences; but its change of colour is scarcely presented as a new event, which would be the case if the Past Historic were repeated here.

12—16. This is a difficult sentence to render satisfactorily. We feel that the translation suggested lacks the personal touch of the last words of the original. Perhaps '*cette même nuance, qui dominait partout, regardait toujours, d'un miroitement sinistre, le soleil,*' might be adequate; it is bold, but so is the English.

13. **flaques**: cp. Richepin, *Le Chemin creux*: près des *flaques* d'eau qui luisent dans l'ornière.

XXIX. La Ville de Mexico.

L'ancienne cité de Mexico s'étendait sur le même emplacement qu'occupe la capitale moderne. Les chaussées principales y aboutissaient aux mêmes points; les rues suivaient à peu près la même direction, presque du Nord au Sud et de l'Est à
5 l'Ouest; la cathédrale se dresse à la même place que couvrait le temple du dieu de guerre des Aztèques, et les quatre quartiers principaux de la ville sont encore connus parmi les Indiens sous leurs anciens noms. Cependant un Aztèque de l'époque de Montezuma, s'il lui était donné de contempler la
10 métropole moderne qui a surgi avec tant d'éclat, tel un phénix, des cendres de l'ancienne, n'en reconnaîtrait pas l'emplacement. Car les flots salés de Tezcoco entouraient la vieille cité et coulaient dans de larges canaux par toute la ville, tandis que le Mexico de nos jours se dresse surélevé et à sec sur la terre
15 ferme et, au centre, presque à une lieue de l'eau....

Les descriptions de l'ancienne capitale font songer à ces villes aquatiques du Vieux Monde, dont les sites ont été choisis pour des motifs semblables d'économie et de défense, surtout à Venise, s'il n'est pas téméraire de comparer la rude architec- ture de l'Indien d'Amérique aux temples et aux palais de 20 marbre—hélas! combien déchus de leur splendeur!—qui couronnaient jadis la fière reine de l'Adriatique.

1. **cité.** The distinction between *cité* and *ville* is such that in matter-of-fact statement the more prosaic word *ville* comes naturally, *e.g.* in the title, but any suggestion of the romantic, *e.g.* of ' a rose- red city half as old as time,' calls for *cité.* In passages like the present, where 'town' and 'city' occur frequently, the choice is partly deter- mined by the necessity of avoiding repetition of one word at too close intervals.

Mexico : the capital)(*le Mexique* the country itself.

s'étendait sur : var. *couvrait*, which is required later, but not "*recouvrait*," which would mean 'completely covered, with some- thing to spare.' The paucity of terms for 'covered,' 'occupied,' 'site' etc. which recur here, is one of the chief difficulties of this passage : cp. Renan, *Souvenirs d'Enfance*, p. 265 : L'ancien séminaire *couvrait* toute l'étendue de la *place* actuelle [la place Saint-Sulpice]. *L'emplace- ment* du séminaire d'aujourd'hui était *occupé* autrefois par les jardins.

2. **qu'occupe.** As regards sense, this expression is unnecessary, but if Prescott preferred to give the full form of the sentence in English, he would presumably have done the same if he had written in French.

Les chaussées principales : var. *Les grandes voies* (cp. la voie romaine), or even *Les grandes routes.*

3. **suivaient** &c. : var. *allaient* à peu près *dans* la même direc- tion, but scarcely "*couraient*," although commonly used of analogous cases, *e.g.* Fromentin, *Un Été dans le Sahara* (Plon, 1912), p. 42 : On devinait par échappées une ligne extrême de montagnes *courant* parallèlement au Tell, de l'est à l'ouest.

5. **se dresse** : var. *se trouve.*

à la même place : var. *sur le même terrain.* N.B. "*sur* la même place" could only mean 'on the same *square*' (see quotation from Renan in the note to l. 1).

6. **du dieu de guerre** : normally *du dieu de* la *guerre*, but the addition of *des Aztèques* alters the case, rendering ambiguity possible.

8. **sous** : not "*par*," unless *désignés* had been used for *connus.*

10. **qui a surgi** : var. *qui s'est élevée* or *qui est sortie* or, more neatly, *sortie* alone.

avec tant &c.: var. *avec une telle splendeur, semblable à un phénix.*

12. Substitution of the Active Voice here, as in l. 16, improves the sentence.

Tezcoco. This seems to be the ordinary French spelling of the name of the lake.

13. **par toute la ville**: var. *à travers toutes les parties de la ville.*

14. **à sec** : cp. Balzac, *Le Médecin de Campagne* ('F. P.' p. 162): Un torrent à lit pierreux souvent *à sec.* The idiomatic *en lieu sec* is limited to such injunctions as 'Keep in a dry place.'

15. **presque** : var. *environ.*

19. **rude** : var. *grossière, primitive.*

21. **déchus** : var. *dépouillés.*

qui couronnaient &c. The rendering offered is possibly open to the objection that 'once' is transferred, but the meaning is plain if the word *fière* is stressed. An alternative is to amplify, but the two *qui*'s are inelegant: qui couronnaient *celle qui fut jadis* la fière reine etc.

XXX. BURKE ET LES INDES.

Pour lui, l'Inde et ses habitants n'étaient pas, comme pour la plupart des Anglais, de simples noms, de pures abstractions, mais un pays et un peuple réels.   Le soleil brûlant, l'étrange végétation du palmier et du cocotier, la rizière, le réservoir,
5 les arbres géants, plus vieux que l'empire des Mogols et sous lesquels s'assemble la foule des villageois ; le toit de chaume de la cabane du paysan, la riche dentelure de la mosquée où l'iman fait sa prière, la tête tournée vers la Mecque ; les tambours, les bannières, les idoles bariolées ; la jeune fille gracieuse qui, la
10 cruche sur la tête, descend l'escalier conduisant à la rivière ; les visages noirs, les longues barbes, les raies jaunes des sectes, les turbans et les robes flottantes ; les lances et les masses d'armes en argent ; les éléphants avec leurs baldaquins d'apparat ; le somptueux palanquin du prince, la litière fermée de la grande
15 dame—toutes ces choses étaient pour lui comme les objets parmi lesquels sa vie s'était passée, comme les objets qui se trouvaient sur la route entre Beaconsfield et la rue St James. L'Inde tout entière était présente aux yeux de son esprit, depuis les salles où des solliciteurs déposent aux pieds des

souverains l'or et les parfums, jusqu'à la lande sauvage où se 20
dresse le camp des bohémiens ; depuis les bazars où la foule
des acheteurs et des vendeurs bourdonne comme des abeilles
dans une ruche, jusqu'à la jungle où le courrier solitaire agite
son trousseau d'anneaux de fer pour chasser les hyènes.

The passage is thus translated by H. Taine, *Hist. Litt. angl.*
(Hachette, 1911), v, pp. 164–5. The variants of Taine's version are
not always entered in our Notes.

L'Inde et ses habitants n'étaient point pour lui comme
pour la plupart des Anglais de simples noms, des abstractions,
mais un pays réel et des hommes réels. Le soleil brûlant,
l'étrange végétation de cocotiers et de palmiers, le champ de
riz, le réservoir d'eau, les arbres énormes, plus vieux que l'empire Mogol, sous lesquels s'assemblent les foules villageoises,
le toit de chaume de la hutte du paysan, les riches arabesques
de la mosquée où l'iman prie la face tournée vers la Mecque, les
tambours et les bannières, les idoles parées, la gracieuse jeune
fille, avec sa cruche sur la tête, descendant les marches de la
rivière, les figures noires, les longues barbes, les bandes jaunes
des sectaires, les turbans et les robes flottantes, les lances et
les masses d'armes, les éléphants avec leurs pavillons de
parade, le splendide palanquin du prince, la litière fermée
de la noble dame ; toutes ces choses étaient pour lui comme
les objets parmi lesquels sa vie s'était passée, comme les objets
qui sont sur la route entre Beaconsfield et Saint-James Street.
L'Inde entière était présente devant les yeux de son esprit,
depuis les salles où les suppliants déposent l'or et les parfums
aux pieds des monarques, jusqu'au marais sauvage où le camp
des Bohémiens est dressé, depuis les bazars qui bourdonnent
comme des ruches d'abeilles avec la foule des vendeurs et des
acheteurs, jusqu'à la jungle où le courrier solitaire secoue son
paquet d'anneaux de fer pour écarter les hyènes.

The difficulty of the passage being chiefly one of vocabulary, help
can be obtained from French descriptions of India, *e.g.* P. Loti,
L'Inde (sans les Anglais), C. Lévy.

1. **Pour lui.** The change of order is useful as avoiding the
slight possibility of ambiguity, arising from the negative : " n'étaient
pas pour lui, comme pour la plupart des Anglais " might conceivably
be read as meaning 'were not to him nor to most Englishmen.'

3. brûlant: var. *ardent.*

4. palmier. Strictly speaking, *la palme* is 'the palm-*branch*,' but it is also the tree itself; cp. Loti, *Ibid.*, des régions de grandes *palmes*... sous des voûtes de *palmes* etc. The word *palmiste* (m.), which students fresh from *Paul et Virginie* naturally produce here, is the 'nom vulgaire des palmiers dont la cime produit le chou-palmiste' (Littré); this is the 'cabbage-tree,' whose 'central unexpanded mass of leaves is eaten like the head of a cabbage' (O.E.D.); the name is generally limited to the West Indies.

cocotier. Macaulay is referring to the Indian coco-tree, not to the 'cacao-tree,' *le cacaoyer*, which grows in tropical America and produces cocoa. The confusion in English between 'cacao' and 'coco,' resulting in the erroneous spelling "cocoa" for both, is due to a printer's error in Dr Johnson's Dictionary.

riziere. Loti uses this word and *champ de riz*, apparently indiscriminately.

réservoir. Taine's *réservoir d'eau* would not seem odd to a Frenchman. It must be borne in mind that *un réservoir* might contain many things in France, whereas in this country the word is infallibly associated with the local water-supply.

5. plus vieux. The expression *plus âgés*, which students often give here, cannot be dismissed as an 'error'; cp. Fromentin, *Dominique* ('F. P.' p. 252): ces petits arbustes, aussi *âgés* que les plus vieilles pierres, where the epithet, used by the gardener, also avoids the repetition of *vieux.*

et. If *Mogol* is expanded to *des Mogols*, the conjunction becomes necessary, to show the construction of *lesquels.*

6. la foule des villageois. The singular is frequent in French, *e.g.* en *foule* = 'in crowds': var. *la foule villageoise, les foules villageoises.*

de. There is no hesitation between *de* and *en* in this instance; contrast: le toit était *en* chaume. In l. 12 "masses en argent" would be the term if there were any doubt as to the sense of *masses* (= 'maces' or 'masses'). In l. 24 either 'anneaux *de* fer' or 'anneaux *en* fer' may be used according as stress is laid on the notion of material. When the material is not that which one would expect, or is more or less consciously differentiated from another, then *en* is the natural preposition, *e.g.* une cuiller *en* plomb, une montre *en* argent. Daudet, *Le Sous-préfet aux Champs* ('F. P.' p. 276), speaks of une serviette *en* chagrin gaufré and later on, p. 277, of sa grande serviette *de* chagrin gaufré. It would have been very surprising if he had said *de* first and then *en.*

7. la cabane: var. *la hutte.*

dentelure: cp. P. Loti, *Mort de Philae*, p. 50: les *dentelures* d'une fenêtre en arabesques: var. *dentelle*. In Vogüé, *Le Maître de la Mer*, we find une *dentelle* d'*arabesques* (f. pl. = 'mural decoration composed in flowing lines of branches, leaves and scroll-work fancifully intertwined' (O. E. D.), common in mosques).

l'iman: the priest of a mosque: cp. V. Hugo, *Les Orientales*, xv: Et, laissant les *imans* qui prêchent aux mosquées.

8. la tête: not only the 'head,' but also the 'face,' *e.g.* Flaubert, *Par les Champs et par les Grèves*, describing the tomb of Chateaubriand ('Trans.' No. xiv), says: Il dormira là-dessous *la tête* tournée vers la mer = 'with his *face* to the sea'; cp. also the familiar 'Il fallait voir sa *tête*' = 'You should have seen his *face*.' *Quelle tête!* etc.

9. bariolées: var. *aux couleurs voyantes (criardes)*.

10. l'escalier: cp. Loti, *Ibid.* p. 128: un large *escalier* blanc qui *descend* dans l'eau: var. *les degrés* (m.); *les marches* (f.).

conduisant: var. *menant*. Evidently 'to' goes with 'steps,' not with 'descending.'

11. visages: var. *faces*, if the description be vaguely unfavourable.

13. avec leurs: "*avec*" alone is insufficient.

baldaquins d'apparat: so Loti, *Ibid.* p. 124.

14. la grande dame: if thought too 'European' in tone, this may be altered to *la dame noble* or *la noble dame*.

16. s'était passée: var. *s'était écoulée*.

19. déposent: for the use of the Present tense, cp. 'Man.' p. 35, § 13, 2.

21. camp: *campement* is apparently the common expression, *e.g.* Flaubert, *Corr.* iii, p. 324: Je me suis pâmé devant un *campement de bohémiens* qui s'étaient établis à Rouen; Theuriet, *Années de Printemps*: les *campements* de charbonniers ou de bûcherons au revers des coupes ensoleillées.

où la foule &c. This is merely a variant for Taine's rendering; *bourdonner comme une ruche* is a common phrase, *e.g.* Theuriet, *Sous Bois*: Au bout d'une demi-heure, la verrerie *bourdonne comme une ruche*.

24. chasser: var. *effaroucher*.

XXXI. LE CHÂTEAU D'UDOLPHO.

Vers la fin de la journée, la route en serpentant s'engagea dans une profonde vallée. Des montagnes dont les pentes escarpées et broussailleuses semblaient inaccessibles, l'entouraient presque entièrement. Vers l'Est, la vue s'ouvrait et montrait les Apennins dans leur plus sombre horreur: et la

longue et fuyante perspective des sommets s'étageant les uns
sur les autres, avec leurs crêtes couvertes de pins, offrait aux
regards un tableau d'un grandiose plus saisissant que tout ce
qu'Emily avait vu jusque-là. Le soleil venait de s'enfoncer
10 derrière la crête des montagnes dont elle descendait la pente et
dont l'ombre allongée se projetait en travers de la vallée, mais
ses rayons obliques, jaillissant à travers une ouverture dans les
rochers, mettaient des touches d'or sur la cime des arbres de la
forêt qui s'accrochait aux escarpements d'en face, et inondaient
15 de leur splendeur les tours et les créneaux d'un château dont les
vastes remparts longeaient le bord des rochers qui surplombaient la route. L'ombre qui enveloppait la vallée dans le fond
rehaussait par contraste la gloire de ces objets ainsi illuminés....

Ce fut avec une mélancolie mêlée de crainte qu'Emily
20 contempla le château qu'elle devina être celui de Montoni, car
bien qu'il fût alors éclairé par les feux du couchant, la grandeur
gothique de ses contours, ses murailles croulantes de pierres
gris-foncé en faisaient un objet à la fois sinistre et sublime.
Tandis qu'elle le contemplait, la lumière s'éteignit sur ses
25 murs, y laissant une teinte violette et triste qui s'épandit et se
fonça de plus en plus, à mesure que la brume légère envahis-
sait la montagne, tandis qu'au-dessus les créneaux étaient
encore frangés de splendeur. Sur ceux-ci également, les rayons
du soleil s'effacèrent bientôt, et l'édifice entier fut revêtu de
30 l'ombre solennelle du soir. Silencieux, isolé, sublime, il semblait se dresser en souverain de la scène et lancer un regard de
défi menaçant à tous ceux qui oseraient envahir son royaume
solitaire.

This description of scenery, one of the earliest in English Litera-
ture and naturally somewhat crude and obscure in parts, contains
many of the stock terms, of which further French examples are given
in the Notes to Nos. XXXVI and XL.

1. **s'engagea**: var. *s'enfonça*. Cp. Heredia, *Les Bergers*: Viens.
Le sentier *s'enfonce* aux gorges du Cyllène.

2. **pentes** &c. Cp. Fromentin, *Un Été dans le Sahara*, p. 26:
deux rangées de collines, celles de droite encore *broussailleuses*; p. 11:
cette voie *escarpée*....Les pentes [des montagnes] sont entièrement
couvertes de broussailles....Nous gravissions péniblement de longs
escarpements.

7. Fromentin, *Ibid.* p. 49 : Les montagnes...sont *couronnées de pins.* La vallée, pareillement *couverte de pins....*

12. **rayons obliques** : *e.g.* Vogüé ('Trans.' No. 1, p. 163).

N.B. *en travers de* = 'across')(*à travers* = 'through,' cp. the rendering of No. XIII, l. 5. The repetition of *travers* might be avoided by substituting *de* for *à travers*, though this would be less accurate ; cp. No. XXXVI, note to l. 9.

ouverture : var. *déchirure* (f.) (cp. No. XL, note to l. 13) or *échancrure* (cp. Fromentin, *Ibid.* p. 14): A chaque sommet que nous atteignions, je me retournais pour voir monter, à l'horizon opposé, les pics bleuâtres de la Mouzaïa. Il y eut un moment où, par l'*échancrure* des gorges, j'entrevis un coin de la plaine.

17. **la route.** It seems advisable to make the reading precise, if not exact, which is difficult because of the obscurity of the English.

18. **gloire** : cp. C. Péguy, *Châteaux de Loire* :
> Plus haut que la terrasse où les derniers Valois
> Regardaient le soleil se coucher dans sa *gloire.*

objets : cp. note to l. 25.

illuminés : var. *irradiés, éclairés.*

22. **croulantes** : cp. Heredia, *Un Peintre* : où *croulent* les manoirs sous le lierre et les ifs.

25. **se fonça** : cp. No. XXXVI, note to l. 7 : var. *s'assombrit,* cp. Daudet, *Les Rois en Exil* ('F. P.' p. 286): Les rayons du couchant trouvent sur les nuages des reflets de plaques brillantes éclairant *les objets,* les *assombrissant* tour à tour.

For the use of the Past Historic in description, cp. Chateaubriand, *Itinéraire,* p. 290 : ces couleurs *s'effacèrent, se ranimèrent, s'effacèrent* de nouveau, jusqu'à ce que le soleil *confondît* les nuances du ciel dans une universelle blancheur légèrement dorée.

XXXIV. Dans la Forêt.

Pour les habitants de la forêt presque chaque espèce d'arbre a sa voix aussi bien que son aspect particulier. Au passage de la brise, ils savent distinguer les sanglots et les gémissements des sapins aussi nettement que leurs oscillations, les sifflements du houx dont les feuilles se froissent, les sons flûtés du frêne 5 qui frissonne, le bruissement du hêtre lorsque ses larges branches s'élèvent et s'abaissent. Et l'hiver, tout en modifiant la voix des arbres qui perdent leurs feuilles, ne lui ôte pas sa note distinctive.

10   Il y a quelques dizaines d'années, par une veille de Noël froide et étoilée, un homme remontait un sentier près de Mellstock Cross, dans l'obscurité d'un taillis dont son esprit distinguait ainsi les différents murmures. Les seuls temoignages de son tempérament étaient fournis par la vigueur de 15 ses pas, qui se succédaient légers et rapides, et par l'entrain avec lequel il chantait sur un air rustique :

> Au temps des jonquilles,
> Des roses et des lis,
> Les gars et les filles
> 20   Vont tondre les brebis.

Parallel Passages :—

I. In *Jack* (p. 207) Alphonse Daudet thus describes what he calls ' la grande symphonie des bois ' :

' Selon les essences d'arbres qu'il secouait, le vent transformait son haleine et sa plainte. Dans les pins, c'était une houle de mer, un souffle long ; dans les bouleaux, dans les trembles, un cliquetis frémissant qui laissait les rameaux immobiles, mais passait sur les feuilles en mille notes métalliques ; et du bord des étangs, nombreux dans cette partie de la forêt, venaient des frôlements doux, le froissement des roseaux inclinant l'un vers l'autre leurs longues lances satinées.'

II. Bernardin de Saint-Pierre, *Harmonies de la Nature*, Livre II (Harmonies aériennes des végétaux).

1. **les habitants** &c. : var. *ceux qui habitent les bois.*

espèce : var. *essence* or in plur. *presque toutes les essences d'arbres ont leur voix aussi bien que leur aspect particulier.*

2. **voix** : cp. Bernardin de Saint-Pierre, *l.c.* : Ce ne sont pas des accents distincts : ce sont des murmures confus.... Il n'y a point de *voix* dominantes : ce sont des sons monotones.

5. **flûtés** : cp. Pierre Loti, *Pêcheur d'Islande*, p. 22 : le son *flûté* du vent. In this passage, if anywhere, alliteration will be effective.

6. **larges** : cp. R. Rolland, *Le Buisson ardent*, p. 302 : des branches de hêtres étendues comme des ailes qui planent, and p. 303 : des hêtres *aux larges bras.*

8. **qui perdent leurs feuilles** : var. *aux feuilles décidues ; qui se dépouillent (en cette saison de l'année).*

11. **un sentier** : var. *une allée.*

12. **un taillis** : var. *une futaie.*

XXXV. Dans la Forêt (Suite).

Le sentier solitaire qu'il suivait reliait un des hameaux de la commune de Mellstock à Upper Mellstock et à Lewgate. A ses yeux, quand il lui arrivait de jeter un bref regard en haut, les bouleaux argentés aux fûts tachetés de noir et aux touffes caractéristiques, les rameaux gris pâle du 5 hêtre, l'orme aux crevasses profondes, apparaissaient tous maintenant comme des silhouettes noires sur le ciel où les blanches étoiles scintillaient si fort que leurs frémissements ressemblaient à des battements d'ailes. Dans l'allée du bois, tout ce qui se trouvait tant soit peu au-dessous de l'horizon 10 était noir comme la tombe. Le taillis qui formait les parois du berceau entrelaçait si étroitement ses branches, même à cette saison de l'année, que le souffle du nord-est parcourait ce couloir, à peine interrompu par des brises latérales. Au sortir de la futaie, la surface blanche du sentier se montrait entre les 15 haies obscures comme un ruban aux bords dentelés, les monceaux de feuilles accumulées dans les fossés empiétant çà et là sur l'un ou l'autre bord du chemin.

2. **la commune** is the civil, and *la paroisse* the religious, equivalent of 'parish.'

3. **quand...haut**: var. *qu'il levait distraitement de temps en temps.*

4. **argentés**: cp. Vogüé, *Maître de la Mer*, p. 221 : un *bouleau* dont le fût *argenté* se teintait de rose : var. *blancs.*

5. **touffes**: var. *panaches* (m.).

6. **crevasses**: var. *gerçures.*

8. **scintillaient**: var. *frissonnaient* as in R. Rolland, *Le Buisson ardent*, p. 281 : Dehors il gelait : on voyait dans le ciel lisse comme un miroir *frissonner* les étoiles glacées.

9. **battements** &c.: cp. Flaubert, *L'Éducation sentimentale*, p. 151 : des frémissements d'éventails, lents et doux comme des *battements d'aile* d'oiseau blessé.

11. **noir** &c. The common expression is 'noir comme dans un four'; A. Daudet, *Lettres de mon Moulin*, makes an old sailor say 'une nuit noire comme la gueule d'un loup.'

14. **latérales**: var. *venant de côté.*

15. Var. *la surface du sentier brilla toute blanche entre.*

16. **un ruban**: cp. les Goncourt, *Manette Salomon* ('Trans.'

No. iii, p. 165): Le *ruban* blanchissant des allées s'enfonçait très loin dans des taches de noir.

dentelés : var. *découpés*.

les monceaux &c. It is not easy to render this phrase literally yet neatly. We might say: 'les feuilles accumulées en cette saison de l'année débordant des fossés de chaque côté de la route.'

XXXVI. COUCHER DE SOLEIL SOUS LES TROPIQUES.

La baie de Santa Marta ruisselle sous la brise de terre en une nappe de flamme vivante. L'immense forêt étincelle de myriades de lucioles. La brume paresseuse qui flâne autour des collines de l'intérieur brille, dorée sous les rayons du soleil
5 couchant; et, haute de six mille mètres, la cime majestueuse de l'Horqueta perce les profondeurs de l'air, rouge pâle contre la voûte bleu sombre du ciel. La nuance rosée du cône se dégrade en un terne gris de plomb; mais ce n'est pas pour longtemps. Les étoiles jaillissent une à une, et Vénus, comme
10 une seconde lune, met une teinte d'or sur les neiges de l'est et trace à travers la baie une longue traînée jaune de lumière ruisselante. Partout règnent la splendeur et la richesse. Faut-il s'étonner si la terre de ce pays enchanté est aussi riche dans ses entrailles qu'à la surface? Le ciel, les montagnes,
15 la mer forment une couronne étincelante de joyaux—faut-il s'étonner si le sol est, lui aussi, garni de joyaux? si tous les cours d'eau et toutes les rives sont parsemés de rubis et d'émeraudes, de paillettes d'or et de guirlandes empennées d'argent natif?

Parallel Passages :—
I. A sunset viewed from the Alcazar of Toledo : Théophile Gautier, *Voyage en Espagne* ('F. P.' p. 234).
II. Sunset on the Sierra Nevada (*Ibid.* p. 236, and 'Trans.' No. xxxiii).
III. Sunset on the Jungfrau : É. Rod, *L'Ombre s'étend sur la Montagne* ('Trans.' No. xxxvi).

A few short passages selected from these will serve at once to illustrate the vocabulary employed and to suggest the general tone appropriate to such a description.

1. Un admirable coucher de soleil complétait le tableau : le ciel par des dégradations insensibles passait du rouge le plus vif à l'orange, puis au citron pâle, pour arriver à un bleu bizarre, couleur de tur-

quoise verdie, qui se fondait lui-même à l'occident dans les teintes lilas de la nuit, dont l'ombre refroidissait déjà tout ce côté.

2. Toutes les cimes frappées par la lumière deviennent roses, mais d'un rose éblouissant, idéal, fabuleux, glacé d'argent, traversé d'iris et de reflets d'opale, qui ferait paraître boueuses les teintes les plus fraîches de la palette ; des tons de nacre de perle, des transparences de rubis, des veines d'agate et d'aventurine, à défier toute la joaillerie féerique des *Mille et une Nuits*.

3. (*a*) Peu à peu les couleurs splendides s'effacent et se fondent en demi-teintes violettes, l'ombre envahit les croupes inférieures....

(*b*) La cime se détachait, en tons de cuivre et d'or, sur un fond plus clair....

(*c*) A mesure que la tache livide de la base montait....

(*d*) La montagne entière...reprit sa teinte uniforme, sa teinte d'opale sans reflets, qui s'abaissa peu à peu jusqu'à la lividité de la mort.

1. **en une nappe** : var. *La baie de Santa Marta, nappe de flamme vivante*, etc. See 'Trans.' § 53. Cp. derrière moi le Mein, *nappe* d'argent rayé d'or par le sillage des bateaux (V. Hugo, *Le Rhin*).

3. **myriades** : var. *milliers* (m.).

flâne : var. *traîne* ; cp. R. Rolland, *Le Buisson ardent*, p. 225 : Les brouillards qui *traînaient* au-dessus de la vallée.

6. **perce** : cp. Th. Gautier, *Ibid.* : ici la cathédrale *enfonce* au cœur du ciel sa flèche démesurée.

contre : var. *sur*.

7. **bleu sombre** : cp. Fromentin, *Un Été dans le Sahara*, p. 111 : au-dessus, le ciel d'un *bleu sombre* : var. *bleu foncé*. It is, however, rather odd to apply this very commonplace epithet here ; "*azuré*," "*ultramarin*," etc., besides being equally odd with *la voûte du ciel*, are not the exact shade required.

se dégrade : var. *se fonce* ; cp. P. Bourget, *Cruelle Énigme*, p. 92 : Son immensité verdâtre *se fonçait* jusqu'au violet à mesure que le jour tombant assombrissait l'azur froid du ciel.

8. **terne gris de plomb** : var. *une lividité de plomb*.

pour longtemps : var. *ce n'est que pour un moment*.

9. **jaillissent** : cp. Lamartine, *Nouvelles Méditations* :

Alors ces globes d'or, ces îles de lumière, ...
Jaillissent par milliers de l'ombre qui s'enfuit.

Var. *s'allument* : cp. No. XLVIII, note 10, and Fromentin, *Dominique*, p. 92 : aux lueurs des premières étoiles qui *s'allumaient* à travers les arbres, comme des étincelles de feu ; var. *éclatent* : cp. Bourget, *Ibid.* : l'heure tragique où les astres *éclatent* dans le ciel nocturne.

10. **seconde**: var. *autre.* Cp. Catulle Mendès, *Poésies*, 1892, vol. II (*Le Soleil de Minuit*):

> Et, miroir des pâleurs sans fin continuées,
> Le lourd ciel, en banquise agrégeant ses nuées,...
> Semble un *autre* océan polaire, suspendu.

11. **trace** as in P. Loti, *Roman d'un Spahi*, p. 191: tout cela *traçant* sur l'eau de vagues *traînées* de lueurs.

13. **Faut-il s'étonner si**: var. *Quoi d'étonnant si.*
ce pays enchanté: var. *cette terre bénie.*

14. **dans**: var. *jusque dans*, but this is unnecessary because *en-trailles* is sufficiently strong and, moreover, *jusque*, followed by *qu'à*, is infelicitous: cp. Fromentin, *Un Été dans le Sahara*: un pays... brûlé *jusqu'aux entrailles.*

15. **joyaux**: var. *pierreries*, but repetition of this long word would be clumsy.

17. **rives**: var. *talus*, but the collocation with 'watercourse' suggests a '*river*-bank.'
parsemés de...paillettes: var. *pailletés degrains d'or.*

XXXVII. La Belgique en 1815.

Ce florissant pays de plaine, à la vie facile, n'a sans doute jamais présenté un air plus riche et plus prospère qu'au début de cet été de 1815. Ses prés verdoyants et ses paisibles cités étaient animés par la présence de milliers d'habits rouges. 5 Ses larges chaussées étaient sillonnées de brillants équipages anglais; ses grandes péniches, glissant sur les canaux qui baignent de gras pâturages, de vieux villages à l'aspect agré-able et pittoresque, de vieux châteaux cachés parmi de vieux arbres, étaient bondées de riches voyageurs anglais; le soldat 10 qui buvait à l'auberge du village ne se contentait pas de boire, mais payait son écot; et Donald, l'Écossais, logé dans une ferme flamande, berçait l'enfant pendant que Jean et Jeannette étaient dehors à rentrer les foins. Comme nos peintres ont aujourd'hui un faible pour les sujets militaires, je leur signale 15 celui-ci comme étant un bon sujet pour illustrer les principes d'une honnête guerre anglaise. Tout paraissait brillant et inoffensif comme à une revue dans Hyde Park. Cependant Napoléon, caché derrière le rideau de ses forteresses frontières, se préparait à l'éruption qui devait pousser tous ces gens paisibles à la fureur et au carnage et en abattre un si grand 20 nombre.

1. Var. *Jamais ce pays plat (uni) paisible (doux) et prospère (florissant) n'eût semblé (présenté un aspect) plus riche,* etc. It will be noted that 'easy' might be taken in several senses : 'easy' to make one's living in, as when Loti, *Mort de Philae,* p. 175, speaks of 'la *facilité* de la vie' in the valley of the Nile ; 'easy-going'; or even 'easy to traverse,' completing the notion of 'flat.'

2. **au début** : var. *au commencement*; *aux (dans les) premiers jours.*

3. **Ses prés** &c. We prefer to begin a new sentence here, but it would be equally correct to use *alors que,* care being taken to repeat *que* at the beginning of each subsequent clause.

paisibles : var. *calmes, tranquilles.*

4. **animés** : var. *égayés.*

habits rouges : cp. Taine, *Hist. Litt. angl.* v, p. 199: La vue des *habits rouges* qui approchaient inquiéta un peu la population de la vallée (Glencoe : translating Macaulay) ; V. Hugo, *L'Expiation* : Un soldat *rouge* au seuil, la mer à l'horizon.

5. **sillonnées** : cp. *L'Illustration,* 8 Nov. 1919 : La route que nous suivons fut, quelques années durant, *sillonnée* par les armées napoléoniennes ; Theuriet, *L'Abbé Daniel,* p. 12 : J'ai traversé les rues...*sillonnées* d'une foule joyeuse.

6. **péniches** : var. *chalands* (m.).

qui baignent : var. *entre les herbages plantureux.*

8. **cachés** : var. *blottis* ; *enfouis* as in Fromentin, *Dominique,* p. 155 : C'était une habitation ancienne, entièrement *enfouie* dans de grands bois de châtaigniers et de chênes.

vieux arbres. The repetition of *vieux* produces the same effect as the repetition of 'old,' otherwise *centenaires* or *séculaires* might be substituted.

10. **ne se contentait pas de boire** : var. *ne faisait pas que boire.*

12. **l'enfant** : var. *le bébé* : *berceau* is impossible with *bercer.*

13. **à** : var. *occupés à* ; *en train de.*

les foins : cp. *les blés (orges)* = standing corn (barley) ; *le blé, l'orge* the grain.

14. **aujourd'hui** : var. *en ce moment.*

un faible : var *un penchant.*

signale : var. *indique.*

15. **un bon sujet** : var. *digne de leur pinceau.*

illustrer. This is the proper meaning of the term: cp. *les journaux illustrés,* but the word is coming to be currently used in the sense of 'exemplify.'

17. **comme**: var. *aussi...que.*

18. **caché**: var. *abrité.*

19. **pousser** &c.: animer tous ces braves gens d'une frénésie sanguinaire.

20. **et en abattre** &c.: var. *et en coucher par terre un si grand nombre (et coucher tant d'entre eux dans la tombe, faire mordre la poussière à un si grand nombre d'entre eux).*

XL. Une Lettre d'Italie.

Nous lisons beaucoup ici—et nous lisions peu à Livourne. Marie et moi nous avons été, à cheval, une fois seulement, à un endroit appelé Prato Fiorito, situé au sommet des montagnes : la route qui serpente à travers des forêts et au-dessus
5 des torrents, et tout au bord de ravines vertes, offre des perspectives admirablement belles. Je ne saurais vous décrire tout cela, mais je vous prie, bien qu'en vain, de venir le voir. Je me plais beaucoup à observer les changements de l'atmosphère ici, et la formation des orages dont le ciel de midi est souvent
10 obscurci et qui se dispersent et s'évanouissent vers le soir en troupeaux de fines nuées. Nos lucioles se passent vite, mais nous avons toujours la planète Jupiter qui monte majestueusement dans la déchirure des montagnes couvertes de forêts qui s'étendent au sud, et les pâles éclairs de chaleur qui, chaque
15 nuit, inondent de temps en temps le ciel. Sans doute le Bon Dieu l'a ordonné ainsi afin que, lorsque s'éteignent les lucioles, la chouette au vol bas puisse y voir en rentrant chez elle.

2. **nous avons été**: cp. R. Rolland, *Jean-Christophe (La nouvelle Journée),* p. 87 : *Nous avons été,* en voiture, à Ponte Molle ; var. *nous sommes allés.*

3. **au sommet**: var. *au faîte même.*

4. **au-dessus**: "par-dessus," though no doubt meaning 'right over the top of' (cp. '*par-dessus le moulin*'), seems too bold to be possible in this context.

5. **des perspectives**: var. *des sites...beaux ; des points de vue... beaux.*

7. **cela** is collective, as is also 'it' here. In the common construction, Je ne *saurais* décrire (traduire, dire, etc.) "pas" is not used.

Je me plais...à: var. *Je mets mes délices à.*

9. **orages**. It is not necessary to translate 'thunder,' because *orage* is usually a 'thunder-storm' or 'thunder-shower.'

le ciel de midi: *le midi* is possible, but not so clear.

10. **se dispersent**: *se dissipent* is just possible.

11. **troupeaux**: cp. R. Rolland, *Ibid.* p. 1: le *troupeau* des nuées.

se passent: 'passer, avec le pronom personnel, se dit des choses qui perdent leur beauté, leur éclat, leur force, etc. *Les fleurs se passent en un jour*' (Dict. Acad.); var. *s'éteignent.*

12. **monte**: var. *s'élève.*

13. **déchirure**: cp. P. Loti, *Ramuntcho*, p. 139: Et dans une *déchirure*, bien moins haut que la cime dominatrice de tout ce lieu, une lune ronde commençait de s'argenter à mesure que déclinait le jour.

couvertes: var. *revêtues.*

14. **au sud**: var. *vers le sud.*

15. **inondent**: var. *se répandent sur.*

le Bon Dieu: var. *la Providence*, which, though usually the safer term, lacks the personal note necessary here.

16. **l'a &c.**: var. *a combiné ces choses-là*, which is rather clumsy.

17. **y**: Loti, *Ibid.* p. 132: l'heure où l'on *y voit* le moins; Stendhal, *Le Rouge et le Noir*, p. 132: Il avait besoin *d'y voir* clair dans son âme.

XLI. L'ART DE LÉONARD DE VINCI.

Léonard de Vinci peint les fleurs avec une curiosité si heureuse que différents écrivains lui ont attribué un penchant pour certaines fleurs—pour le cyclamen, selon Clément, pour le jasmin, selon Rio: il existe d'ailleurs à Venise, une feuille volante de son carton toute parsemée d'études de la violette 5 et de l'églantine. C'est chez lui qu'apparaît pour la première fois le goût de ce qui est bizarre ou recherché dans les paysages: grottes remplies de l'ombre verdâtre de rochers bitumineux, récifs de trap en terrasses qui découpent l'eau en nappes de lumière bizarres—leur antithèse parfaite se trouve dans nos 10 mers occidentales; tous les effets solennels de l'eau en mouvement. Vous pouvez la suivre dès la source lointaine où elle jaillit parmi les rochers sur les landes de la *Vierge aux Balances*, la voir passer en petite chute dans le calme perfide de la *Vierge du Lac*, puis comme un beau fleuve longer les 15 parois escarpées de la *Vierge aux Rochers*, baigner les murs blancs de ses lointains villages, puis, dans la *Joconde*, se faufiler

en un réseau de petites rivières séparées pour arriver enfin
au rivage de la *Sainte-Anne,* endroit exquis, où le vent passe
20 comme la main d'un fin graveur, où les coquillages intacts gisent
partout sur le sable et où les sommets des rochers, que les vagues
n'atteignent jamais, sont recouverts d'une herbe fine comme
une chevelure.

1. **une curiosité si heureuse.** The expression 'curious felicity' is a literal translation of the Latin *curiosa felicitas,* used by
Petronius to describe the style of Horace; in this phrase 'curious'
means painstaking, extremely careful in detail. In French *curieux*
can similarly mean 'fait avec un soin délicat, précieux': *e.g.* un
peintre qui a adopté une manière *curieuse;* and the noun *curiosité* is
used of artists to mean 'recherche, finesse de détail, soin délicat':
e.g. un tableau peint avec *curiosité* (see Larousse *s.v.*).

The French equivalent of 'felicity' is *bonheur: e.g.* Doumic,
Écrivains d'aujourd'hui, p. 93: cela est conté...avec un tel *bonheur*
d'expression; the corresponding adjective is *heureux: e.g.* La Bruyère,
Les Caractères: elles sont *heureuses* dans le choix des termes.

The exact translation then would be *un bonheur si curieux,* but we
may transpose and say *une curiosité si heureuse* which sounds more
French.

3. Var. *les uns, comme Clément, pour le cyclamen; d'autres,
comme Rio, pour le jasmin.*

4. **une feuille** &c.: var. *une page égarée de son portefeuille.*

5. **son carton**: var. *ses cartons.*

7. Var. *du bizarre ou du recherché.*

8. **verdâtre** in such a context is safer than *vert.*

9. **trap.** 'Trap-rock' is so called because it often takes the
form of a staircase (*trap* being a Scandinavian word allied to the
German *Treppe,* a stair). Similarly Leconte de Lisle speaks of the
fumant escalier of the rocks. Var. *des récifs rugueux de tuf volcanique.*

11. **occidentales**: not necessarily a learned adjective: *e.g.*
Pierre Loti, *Pêcheur d'Islande,* p. 85: dans la partie la plus *occidentale*
des pêcheries d'Islande.

15. **la Vierge du Lac**: var. *La Vierge au Lac*: we have not
traced the picture.

fleuve. One might have used *rivière* here and *ruisseaux* in
line 18, had it not been for the jingle *réseau* de *ruisseaux.*

17. **lointains.** The repetition of this adjective, justified by the
repetition of 'distant' in English, may be partially concealed by a
change in position with regard to the noun it qualifies.

19. la Sainte-Anne. The definite article would not of course be required if the phrase were expanded : *le tableau* de *Sainte-Anne.*
22. recouverts : var. *revêtu.*
23. chevelure. Cp. Sully Prudhomme, *Le Cygne* (quoted in No. I, note to l. 6) : var. *qui pousse fine comme une chevelure.*

XLIII. LE VENT DE NUIT DANS L'ÉGLISE.

Le vent de nuit a l'habitude lugubre de rôder autour d'une église et de gémir en passant. De sa main invisible il tâte les fenêtres et les portes, essayant de trouver quelque fente par où entrer. Et, une fois entré, comme quelqu'un qui ne trouve pas ce qu'il cherche,—quoi que cela puisse être,—il se 5 lamente et hurle pour ressortir ; et, non content de s'avancer majestueusement le long des ailes, de glisser autour des piliers et de sonder les tuyaux des grandes orgues, il s'envole jusqu'à la voûte et s'efforce d'en rompre les poutres, puis s'abat en désespéré sur les dalles et s'engouffre en marmottant 10 sous la crypte. Bientôt il remonte furtivement, il rampe le long des murs, semblant lire, en chuchotant, les inscriptions consacrées à la mémoire des morts. Sur quelques-unes il éclate en cris aigus, comme s'il riait, et sur d'autres il gémit et pleure comme s'il voulait se lamenter. Il a une voix macabre 15 aussi, quand il s'attarde devant l'autel, où il semble chanter à sa façon sauvage les crimes et les meurtres commis, et les faux dieux adorés au mépris des Tables de la Loi, qui paraissent si belles et si unies et qui en vérité ont tant de défauts et de fêlures. Brrr ! Le ciel nous préserve, nous qui sommes assis 20 bien confortablement au coin du feu ! Il a une voix terrible, ce vent qui chante à minuit dans une église !

Cp. I. Taine, *Histoire de la Littérature anglaise,* v, pp. 9–10.
II. Michelet, *La Mer,* I, 7 : C'était parfois le coup brusque d'un maître qui frappe à la porte ; des secousses comme d'une main forte pour arracher le volet ; c'étaient des plaintes aiguës par la cheminée, des désolations de ne pas entrer, des menaces si l'on n'ouvrait pas, enfin des emportements, d'effrayantes tentatives d'enlever le toit.
1. l'habitude : var. *une façon.*
lugubre : var. *sinistre.* **rôder :** var. *tourner, errer.*
3. les fenêtres &c. The usual order of the words in French is

les portes et les fenêtres, corresponding to the English 'doors and windows': but we may preserve the order of the original.

essayant de trouver : or simply *cherchant*, although *chercher* is required shortly.

fente : var. *crevasse* (f.); "*lézarde*" (f.) is too strong here, as it means a large crack in an outside wall, due, *e.g.*, to a slight subsidence of the soil.

4. **par où entrer** : var. *par laquelle il puisse passer.*

5. **se lamente** : cp. Heredia, *Les Trophées*, p. 196 : Le vent...*se lamentait* avec des voix surnaturelles.

7. **glisser** : var. *se faufiler.*

8. **de sonder** &c.: var. *d'essayer le grand orgue.* (Note gender of the singular.)

9. **s'efforce** &c.: var. *tâche d'arracher.*

10. **en désespéré** : var. *désespérément.*

s'engouffre : cp. Theuriet, *La Chanoinesse* : La rude plainte des rafales *s'engouffrant* dans les vallées.

marmottant : var. *murmurant.*

11. **sous la crypte** : var. *dans les caveaux.*

15. **voulait.** It seems necessary to amplify in some such way, because in "comme s'il se lamentait" the sense of *se lamenter* is not sufficiently distinct from that of *gémir* and *pleurer* (or *crier*) to give point to the statement; var. *comme pour se lamenter.*

Il a &c.: var. *Et quelle voix caverneuse (sépulcrale) !*

19. **belles**: var. *pures.* **unies** : var. *lisses.*

20. **Brrr** ! an interjection expressing, among other things, 'une sensation de froid ou un sentiment de crainte.' Larousse *s.v.* N.B. "*Ouf !*" would express relief.

assis &c.: var. *nous qui sommes si bien, au coin du feu.*

21. **terrible** : var. *terrifiante* ; "*affreuse*" is debarred by its frequent use in phrases like 'Il a une voix affreuse'—a hyperbolical expression of dissatisfaction with a singer's 'voice.'

22. **ce vent** &c.: var. *ce vent de minuit, hurlant dans une église.*

XLVI. Une Cérémonie romaine.

C'était le jour des " petites" Ambarvalies ou des Ambarvalies particulières. Elles devaient être célébrées par une famille seule pour la prospérité de tous les membres s'y rattachant, de même que le grand collège des Frères Arvales officiait à Rome
5 dans l'intérêt de la cité tout entière. A l'heure prescrite le moindre travail cesse ; les instruments de labeur gisent inutilisés, parés de guirlandes de fleurs, tandis que maîtres et

valets réunis longent en théorie solennelle les sentiers desséchés des vignobles et des champs de blé, formant escorte aux victimes qui vont bientôt répandre leur sang en vue de purifier 10 de toute souillure naturelle ou spirituelle les terres dont on aura fait le tour. Les paroles antiques de la liturgie latine qu'il convenait de dire à mesure que se déroulait la procession, encore que le sens précis en fût depuis longtemps devenu inintelligible, étaient récitées d'après un vieux rouleau de 15 parchemin enluminé gardé avec les annales écrites de la famille dans le coffre peint du vestibule.   W. T.

The effect of the English, being peculiarly dependent on the exactness and picturesqueness of the terms selected, will be best reproduced in French by departing somewhat from the ordinary stock translations of English words.

2. particulières. This epithet, and not *privées*, is applied by Classical scholars to the 'private *Ambarvalia*.'

5. la cité. When 'state' refers to Classical times, it is more appropriately translated by *cité* than by *état*, as in the title of the work by Fustel de Coulanges, *La cité antique*.

A l'heure prescrite. The form of 'The appointed time,' conveying the notion of the sacramental character of the occasion, is preserved in the similar formula in French.

8. valets: a general term used of both outdoor and indoor servants; cp. *valet de ferme, valet de chambre*, etc.

théorie. This word, with its suggestion of ancient rites, is perhaps more appropriate than *procession* (f.); cp. Loti, *Ramuntcho*, p. 190: cette blanche *théorie* de petites filles.

9. blé: var. *froment*, which, however, would be less suitable here because it would be immediately followed by *formant*, a word too similar in sound.

13. qu'il convenait &c. For the condensed expression 'to be said' the genius of French requires some amplification.

XLVII. UNE CÉRÉMONIE ROMAINE (Suite).

De bonne heure ce jour-là les filles de la ferme, fort affairées sous le grand portique, avaient rempli des paniers énormes de fleurs à courtes tiges enlevées à des branches de pommiers et de cerisiers alors en pleine floraison abondante et que l'on répandrait devant les étranges statuettes des dieux— 5 de Cérès, de Bacchus et de la Dea Dia plus mystérieuse encore—alors qu'elles parcourraient les champs, portées dans

leurs petits édicules sur l'épaule d'adolescents tout de blanc
vêtus et dont il était entendu qu'ils s'acquittaient de cet office
10 avec une entière tempérance, purs de corps et d'âme comme
l'air qu'ils respiraient dans l'inaltérable beau temps de ces
premières journées estivales.

L'eau limpide destinée aux lustrations et l'encensoir bien
rempli étaient portés à leur suite. Les autels chatoyaient de
15 guirlandes de laine ainsi que de fleurs vertes d'espèce plus
précieuse devant être jetées sur le feu du sacrifice et fraîche-
ment cueillies le matin même dans un coin spécial du vieux
jardin réservé à cet effet. En cette saison les feuilles nouvelles
avaient presque un parfum de fleurs et la senteur des champs
20 de fèves se mêlait agréablement au nuage d'encens. Sauf le
chant monotone des prêtres qui psalmodiaient la liturgie
habillés de leurs antiques costumes d'apparat raides et étranges
et qui portaient sur la tête des épis verts de blé fixés par de
blanches bandelettes flottantes, la procession s'avançait abso-
25 lument muette, tous, et même les enfants, s'abstenant de parler
dès que la formule pontificale avait été prononcée, *Favete
linguis !*—faites silence ! un silence propice ! pour que pas un
mot en dehors des paroles appropriées à la circonstance ne
vînt contrarier l'efficacité religieuse du rite sacré.   W. T.

11. l'inaltérable beau temps. ' Firm' is an unusual epithet,
which may be paralleled by *inaltérable*.

18. nouvelles. The literal *jeunes* would give a less vivid impression of freshness.

27. The use of 'any' is so emphatic here that its force must be
shown by a strong expression in French.

29. sacré. To round off the ending some such addition is desirable.

XLVIII. Le Phare de Ste Cécile.

Un soir Fenwick, qui était de quart, me prêta une paire
de lunettes noires, sans lesquelles personne ne peut regarder le Feu sans être aveuglé, puis s'occupa à mettre la
dernière main aux lentilles avant la tombée de la nuit.   La
5 surface des eaux de la Manche qui s'étendait à nos pieds était
lisse et nacrée comme l'intérieur d'une écaille d'huître.   Un
petit *cargo* de Sunderland s'était signalé à l'agence Lloyd, sur
la côte à un demi-mille plus haut, et descendait lourdement vers

le couchant, laissant derrière lui un sillage blanc. Une étoile
s'alluma au-dessus de la falaise, les eaux devinrent couleur de 10
plomb, et le phare de Ste Cécile lança par-dessus la mer huit
longs pinceaux lumineux qui tournèrent lentement de droite
à gauche et se fondirent en un seul rayon compact qui tomba
droit en face du phare et se décomposa à son tour en huit,
avant de s'éteindre. La cage aux mille facettes pivotait sur 15
ses roulettes et le moteur à air comprimé qui l'actionnait
bourdonnait comme une mouche bleue sous un verre. Sur le
mur, l'aiguille du manomètre sautait d'un point à l'autre du
cadran. Huit battements mesuraient une demi-révolution du
Feu—ni plus ni moins.   20

In translating a technical passage such as this, recourse should be
had to the articles and woodcuts in 'Le Nouveau Larousse.' *Le Phare
des Sanguinaires*, one of Daudet's *Lettres de mon Moulin*, bears on
the same subject and provides some help as regards vocabulary.

    1. Un soir. The choice between *soir* and *nuit* (see No. II, note
to l. 1) will depend upon our interpretation of the sense. If the time
referred to as 'night' is comparatively early, as is suggested by the
words 'to the sunset' further on, then *un soir* will be the proper
term; if the uppermost thought in the writer's mind was that Fenwick
was on duty all night, then *nuit* would be required. In the former
case, it is best to begin the sentence with the expression of time; in
the latter, the order of words would be as in English.

    Fenwick, qui était de quart. The usual equivalent of 'on
duty' is *de service*—cp. les *gardiens de service* restent bloqués deux
ou trois mois de suite (Daudet)—but lighthouse-men, like naval
seamen, to whom they are assimilated, are technically said to be *de
quart*; cp. le gardien de premier (second) *quart* (Daudet); *de garde*
is also used, *e.g.* of nurses or house-surgeons in a hospital.

    2. noires. Cp. A. France, *M. Bergeret à Paris*, p. 174: Le
grand portait *des lunettes noires*; var. *à verres fumés*, which does not
seem to be the kind of glass meant here.

    sans lesquelles : var. *faute de quoi.*

    3. le Feu. The capital letter, as in 'Light,' makes it clear what
sort of *feu* is intended; it was for looking at the light itself, not at the
lighthouse generally, that 'black glass spectacles' were necessary.

    s'occupa à; perhaps closer to 'busied himself in' than *s'occupa de*,
which would imply rather 'employed his leisure in'; cp. Daudet,
Ibid.: Les Corses, eux, en dehors de leur service, ne *s'occupaient de* rien.

3. **mettre la dernière main à.** The same idea is expressed by Daudet: jetait un dernier coup d'œil à ses mèches.

4. **de la nuit**: var. *du jour, du crépuscule.* The idiomatic '*entre chien et loup*' = 'twilight' is worth mentioning, though not suitable in this particular instance.

La surface. *La largeur* and *l'étendue* could not so well be qualified by *lisse* etc.

6. **lisse**: *unie* would connote chiefly 'level.'

nacrée: var. *irisée, multicolore.*

7. **cargo.** *Cargo-boat* is generally abbreviated thus in French, which has borrowed a number of names of ships from English, *e.g. destroyer, dreadnought, yacht, dundee* = a type of deep-sea fishing-boat used on the Atlantic coast, *e.g.* at La Rochelle. If a purely French word were necessary, *caboteur* (m.) would suit.

8. **un demi-mille.** In nautical parlance *mille* is the right word; cp. *un mille marin* = 'a knot.' [Students so persistently make this word feminine that it seems as if the gender were erroneously stated in some grammars.]

9. **un sillage blanc.** The emphasis given in English by the order of the words 'lying white' is reproduced in French by leaving *blanc* to the end of the sentence; a similar effect would also be produced by saying un *blanc* sillage, if the phrase occurred elsewhere than at the end.

Une étoile. 'One' seems scarcely emphatic enough to call for the rendering Une *seule* étoile or Une étoile *solitaire.*

10. **s'alluma.** The word is more picturesque, and therefore better here, than the colourless *apparut* or *parut.* Cp. A. Theuriet, *Sauvageonne*: regarder par la fenêtre les étoiles *s'allumer* une à une au-dessus des bois; also A. Chevrillon, *Revue des Deux Mondes*, Nov. 15, 1920, p. 398: Je regardais *poindre*, une à une, imperceptiblement, de blanches étoiles and see No. XXXVI, note to l. 9.

11. **lança**: var. *projeta*; cp. *une lanterne à projections* = 'a magic lantern.'

12. **lumineux.** The epithet makes the sense of *pinceaux* clearer; it is used of anything containing or reflecting light; cp. Daudet, *Ibid.*: sous ces grandes ondes *lumineuses* qui m'éclaboussaient à peine en passant.

14. **à son tour**: var. *de nouveau.*

15. **avant de s'éteindre**: var. *s'évanouir, disparaître.* Some vagueness is desirable here to conceal the confusion latent in the English sentence. The facts seem to be: (1) the Light shot across in eight long pencils; (2) these pencils wheeled and melted into one beam; (3) that beam dissolved into eight and passed away.

La cage : var. *le châssis, le cadre, la lanterne* ; cp. Daudet, *Ibid.* : la grosse *lanterne* à facettes.

facettes. Here 'lenses' can hardly be *lentilles* (f.), because even the largest lighthouses (*phares de* 1*ère classe*) have only two or four *lentilles*.

pivotait : cp. Daudet, *Ibid.* : une lampe...autour de laquelle *pivotent* lentement les parois de la lanterne ; var. *tournait*.

16. roulettes. In the continuation of the passage Mr Kipling speaks of 'the roller-skate rattle of the revolving lenses' ; cp. des patins à *roulettes* = 'roller-skates.'

18. l'aiguille...sautait : cp. Jules Verne, *Voyage au Centre de la Terre* : *L'aiguille sautait* d'un pôle à l'autre avec de brusques secousses, parcourait tous les points du cadran, et tournait, comme si elle eût été prise de vertige.

19. battements : var. *pulsations* (f.), *mouvements* (m.).

mesuraient : var. *correspondaient à, marquaient, enregistraient, indiquaient.*

LI. LE VAISSEAU AMIRAL.

Des embarcations de forme bizarre se mouvaient lentement entre les rives comme de minuscules scarabées d'eau. L'une d'entre elles mit le cap sur nous et fut bientôt suivie d'une autre. Je ne voulais pas les voir accoster. Il me semblait que je ne désirais pas voir troubler ma solitude et l'idée de descendre à terre ne me souriait guère. Un grand navire, très haut sur l'eau, tour noir et ceint de deux larges bandes jaunes, marquées par deux rangées de canons, fendit lentement les flots, se détachant d'un groupe de navires dans la baie. Il passa sans nous héler, sous ses huniers, son pavillon flottait au mât de misaine. Ses hautes vergues dépassaient prodigieusement nos mâts et je vis, dans les agrès, les matelots qui regardaient nos ponts étendus sous leurs yeux. On n'entendait à son bord que les sifflets des quartiers-maîtres et le piétinement de l'équipage. Comme j'avais idée qu'il faisait route vers ma patrie, je me sentis envahi du désir d'être à son bord. Dans la suite il advint que je regagnai mon pays sur ce navire, mais il était alors trop tard. Je n'étais plus alors le même homme. J'avais acquis d'étranges connaissances et d'autres désirs. Pendant que je le contemplais, en proie à ce désir, j'entendis derrière moi la voix de Carlos qui demandait à un marin quel était ce bâtiment. "Ne reconnaissez-vous pas un

vaisseau amiral quand vous le voyez?" grogna une voix maussade. "C'est le vaisseau de l'amiral Rowley." Puis je distinguai
au milieu de grognements les mots "pirates," "vermine," "côte
de Cuba."   P. C. H. de S.

LII. TEMPÊTE SUR LA CÔTE OUEST DE L'ÉCOSSE.

Le bruit monotone de la cascade, loin d'importuner la
nouvelle hôte du Château de Dare, ne fit que la disposer au
sommeil ; et après les diverses fatigues, sinon les émotions, de
la journée, elle dormit bien. Mais au beau milieu de la nuit
5 son repos fut troublé par une forte commotion qui paraissait
régner à la fois dans la maison et au dehors ; et quand elle
fut tout à fait réveillée, il lui sembla que la terre entière se
disloquait sous les secousses de la tempête. Le vent hurlait
dans les cheminées ; la pluie fouettait les vitres avec un cré-
10 pitement de fusillade ; tout en bas elle pouvait entendre le
grondement terrible des brisants de l'Océan. Les rafales qui
se ruaient sur la haute maison semblaient prêtes à l'arracher
de sa base de roc et à la lancer dans les terres ; ou bien
était-ce la mer elle-même qui montait en sa puissance et avec
15 sa voix de tonnerre pour l'emporter comme un fétu du front
des grandes falaises? Et puis le matin tourmenté, sinistre qui
suivit ! A travers la buée d'eau qui ruisselait sur les carreaux
elle regarda l'immensité de la mer déchirée par la tempête—
désolation couleur d'ardoise de lames éperdues, marbrées
20 d'écume blanche balayée par le vent ; et, en haut, la voûte
écrasante des nuages qui changeait toujours.

Parallel Passages: B. de Saint-Pierre, *Paul et Virginie* ('F. P.'
pp. 121–2); Michelet, *La Mer*, i, vii; P. Loti, *Pêcheur d'Islande*,
2ᵉ Partie, 1 (*e.g.* in 'F. P.' pp. 313–16); R. Rolland, *Jean-Christophe*
(*Le Buisson ardent*), pp. 322–3.

1. **bruit.** For the distinction between *bruit* and *son*, see 'Man.'
p. 26, *s.v.* 'SOUND.' Here "*son*" would definitely denote a ringing,
musical sound; *bruit*, as implying a confused murmuring sound, is
the better term.

cascade. This is the regular literary equivalent of 'waterfall';
cp. Vigny, *Le Cor*:

Et la *cascade* unit, dans une chute immense,
Son éternelle plainte aux chants de la romance.

A frequent term is *une chute d'eau*, less pretentious, but also literary, *e.g.* Lamartine, *Confidences*, p. 118 : le murmure lointain et répercuté des *chutes d'eau*.

loin d'importuner &c. Cp. Fromentin, *Un Été dans le Sahara*, p. 69 : Le silence communique à l'âme un équilibre que tu ne connais pas...*loin* de l'accabler, il la *dispose* aux pensées légères, and p. 6 : Le *bruit* [du vent] était si étrangement triste que, pendant le reste de la journée, il m'*importuna* ; also V. Hugo, *Lég. des Siècles* (*Les pauvres Gens*):

> Elle prie et la mauve au cri rauque et moqueur
> L'*importune*.

2. hôte. Although *hôte* may mean either 'host' ('hostess') or 'guest,' it is not ambiguous here. But "hôtesse" could mean only 'hostess'; *invitée* is possible.

fit. The Past Historic is required here, as in *dormit, fut, sembla*, etc., because the events are presented as a series in their chronological order, and not as descriptive details. The change to the tone of description—'The wind howled' etc.—will be shown by the use of the Imperfect (Past Continuous) in lines 8, 9, etc.

3. Cp. Lamartine, *Confidences*, p. 189 : *Les fatigues et les émotions du jour* nous rendirent le sommeil soudain et profond.

4. au beau milieu de, though idiomatic, is a little familiar in tone ; var. *au milieu même*.

5. son repos fut troublé : var. *elle fut réveillée en sursaut* ; *réveillée*, however, will be required later on in the sentence.

commotion. Cp. Michelet, *l.c.*: Dans les pièces qui regardaient la campagne, le bruit, la *commotion*, étaient tout aussi sensibles.

7. se disloquait. Cp. *Ibid.*: le navire fut assommé, éreinté, *disloqué*. .

9. fouettait : cp. A. Theuriet, *Sauvageonne* : La pluie *fouette* les carreaux. Var. *battait* (*contre*).

un crépitement de fusillade : '*as* of' is generally equivalent to simple *de* in French, *e.g.* 'a sound *as* of a hidden brook' = un murmure *de* ruisseau invisible.

11. grondement : very generally applied to the dull 'roar' of the sea.

l'Océan. Regularly used in France for the Atlantic, especially in connection with the French West Coast, *e.g.* summer resorts. *Atlantique* (f.) would of course be correct also.

12. se ruaient. The military flavour given to 'dashed' by the simile 'musketry,' is conveyed by this verb, often used of a cavalry

R. & M. K.   5

charge, *e.g.* V. Hugo, *Les Misérables* ('F. P.' p. 213): Les cuirassiers *se ruèrent* sur les carrés anglais.

13. dans les terres: cp. B. de Saint-Pierre, *l.c.*: Chaque lame qui venait briser sur la côte s'avançait en mugissant jusqu'au fond des anses, et y jetait des galets à plus de cinquante pieds *dans les terres*. Var. *par la campagne*.

15. comme un fétu: cp. Flaubert, *Corr.* I, p. 290: le courant les entraîne entre les rochers *comme un fétu* de paille. Var. *comme une plume*, as in Michelet, *l.c.*: La rafale...enlevait les vagues *comme une plume*...les faisait fuir par la campagne.

front = 'brow'; *la face* would suggest a position half-way down the cliffs.

16. sinistre: cp. Loti, *l.c.*: le soleil ouvrait cette nouvelle journée par un matin *sinistre*; var. *désolé*, cp. P. Loti, *Ramuntcho*: Il ouvrait sa fenêtre sur le vide encore pâle, sur la virginité de l'aube *désolée*.

17. It seems impossible to render quite exactly the word 'bewilderment,' which describes the confused course of the rain-drops down the panes. The rendering proposed conveys merely the idea of dimness caused by the streaming rain.

la buée: cp. R. Rolland, *L'Aube*: Une *buée* d'eau *ruisselle* sur la vitre au coin fêlé.

18. déchirée: var. *déchiquetée*.

19. couleur d'ardoise: var. *couleur de plomb, plombée*; *une mer de plomb* is a stock expression.

marbrées: cp. Loti, *l.c.*: les lames...s'étaient *marbrées* d'abord d'une écume blanche qui s'étalait dessus en bavures. Var. *zébrées*, cp. Loti, *l.c.*: l'eau était *zébrée* de baves blanches; *tigrées*, cp. Lamartine, *o.c.* p. 204: la mer foncée et *tigrée* d'écume.

21. écrasante: var. *menaçante*.

LVI. LE NÉGRIER.

Mais, pour moi, la mer la plus sublime que Turner ait jamais peinte et, dans ce cas, la plus sublime, certainement, qui ait jamais été peinte par la main d'un homme, est celle du *Négrier*, la toile principale de l'Academy au salon de 1840.
5 C'est un coucher de soleil sur l'Atlantique, après une tempête prolongée; mais la tempête s'est en partie calmée, et les nuages déchirés fuient à la dérive en files d'écarlate, pour aller se perdre au gouffre de la nuit. Toute l'étendue de mer comprise dans le tableau se partage en deux grosses levées de
10 houle, non pas hautes ni déterminées—on dirait plutôt des

soulèvements sourds, amples, de l'océan tout entier, comme si sa poitrine se gonflait dans une aspiration profonde après le tourment de la tempête. Dans l'intervalle de ces deux crêtes, les feux du couchant tombent au creux de la lame, teignant la mer d'une lueur farouche, mais splendide, rayonnement in- 15 tense et fauve, embrasement d'or, bain de sang. Tout le long de ce couloir, de cette vallée de flamme, les vagues turbulentes qui troublent sans trêve le sein de l'océan se soulèvent en formes ténébreuses, indécises, fantastiques, dont chacune projette der- rière elle, sur l'écume illuminée, une ombre fugitive et spectrale. 20

Parallel Passage : Loti, *Pêcheur d'Islande* (' F. P.' pp. 313–16).

The difficulty of the passage is chiefly due to the impassioned tone, which must be preserved as far as possible in French. The picture, sold in 1869 for £2042, is now in the Museum of Fine Art, Boston, Massachusetts, and we have been unable to find a repro- duction in colour. We are indebted to Professor Baldwin Brown for valuable guidance.

1. pour moi. The usual translation *je crois* would be a little casual here. No doubt the opening sentence is couched in everyday language, but it is well not to make the French familiar or conversa- tional. The variant *selon moi* is rather pretentious, as implying the standpoint of an acknowledged authority laying down the law; *à mon sens* has a similar Academic flavour; *à mon avis* is perhaps simpler and more natural.

la mer. Artists speak of '*une marine*' (= 'a sea-piece'), which also could be used here.

sublime. The repetition of 'sublime' is intentional in English and should therefore be reproduced in French (see ' Man.' p. 12, § 8). Otherwise we might have substituted in the second line *grandiose*, a word which has not the slightly depreciatory sense of its English homonym, but which, if used here, would emphasize the colouring of the picture rather than its moral effect.

2. certainement : var. *sans aucun doute, à coup sûr*, but it is doubtful whether any explicit rendering of 'certainly' is really neces- sary in the context; it rather overloads the sentence.

4. toile. The usual term applied to pictures in a studio or exhibition, literally = ' canvas.'

Academy. The English form is retained because it is not clear what difference there is between 'Academy' and 'Exhibition'; *Académie* has other associations.   **salon.** The French name of an annual exhibition of pictures, as the Paris *Salon des Artistes français* etc.

5. tempête. Here again the repetition is intentional; *orage* (m.) might be used for the first case of 'storm.'

6. s'est...calmée. A common error here is to say "*est calmée*," which loses the notion of time essential to the sense.

les nuages déchirés &c. The sense of 'streaming' is not clear; it might conceivably = 'glistening in the rain,' or 'pouring' (*ruisselant*), or 'floating in the wind like a torn banner'; cp. Loti (*l.c.* p. 314): La grande panne de nuages...se défaisait maintenant par le haut, et les *lambeaux couraient* dans le ciel. The last meaning is conveyed in the version offered, partly by *fuient*, suggesting a routed army and partly by *à la dérive*, which adds the notion of flowing; cp. Fromentin, *Un Été dans le Sahara*, p. 74: un petit nuage doré...qui s'en va lentement *à la dérive*, entraîné vers le soleil couchant. The full sense of 'rain-clouds' would be given by *nuages lourds de pluie*, but this would be unduly explicit here; for *nuées*, cp. the quotation from Fromentin in the note to l. 16.

7. files: var. *bandes* (see No. II, note to l. 1).

8. gouffre: var. *abîme* (m.). **étendue:** see No. XLVIII, note to l. 5.

9. levées de houle: so Loti, *l.c.* The word *montagnes* (f.), frequent in descriptions of storms at sea, is scarcely possible here, because it would be contradicted by *non pas hautes*, translating 'not high'; *crêtes*, which is also very common in such contexts, specifies the curling top of a ridge of wave and would therefore be inappropriate, though it is suitable in the next sentence, where 'ridge' is synonymous with 'wave-top.'

11. soulèvements sourds. The sense of 'heaving' is always well rendered by *soulever* etc. (cp. also l. 18) because the prefix emphasizes pressure *from beneath*; *sourd* is a useful epithet for any 'dull' sound or slow, heavy movement.

12. le tourment: var. *la torture*.

13. l'intervalle: a favourite word in this sense, *e.g.* Lamartine, *Confidences*, p. 179: Le pêcheur profita de *l'intervalle d'une lame à une autre* pour virer de bord.

15. farouche. Because of its notion of 'uncanny,' *farouche* is better than *effrayant* = 'terrifying,' which has an Active force not contained in 'awful.'

16. fauve. 'Lurid' means either yellow or red; both colours are recalled in *fauve*; cp. Fromentin, *l.c.*: de vastes nuées couleur de *cuivre* y flottaient pesamment dans un azur douteux aussi fixes et presque aussi *fauves* que le paysage lui-même—une vallée beaucoup moins riante, d'un gris *fauve* qui commence à sentir le *feu*. But 'lurid' may not have a distinct colour sense here (see No. LVII, note to l. 10).

17. de flamme: var. *flamboyante*.

18. troublent...le sein. A literal rendering like *fendent la houle* would be too precise, denoting division into regular lines, whereas Ruskin's 'restlessly' indicates irregular clefts, formed by secondary waves in the trough of the main billows.

19. indécises: var. *vagues, indéterminées*.   **projette.** Strictly speaking, *projette derrière* elle is illogical, but the meaning of *pro-* in this word is often neglected in French.

LVII. LE NÉGRIER (Suite).

Elles ne surgissent pas partout, mais par trois ou quatre, en groupes hagards, par accès et avec furie, comme l'impose, ou le permet, la force invisible de la houle; elles laissent entre elles des espaces perfides d'une eau nivelée et tournoyante, tantôt éclairée de lueurs glauques ou fauves, tantôt réfléchissant 5 en éclairs l'or du soleil à son déclin, tantôt recevant d'en haut en teintes horribles les formes indistinctes des nuages embrasés, qui tombent sur elle en flammèches de vermeil et d'écarlate et ajoutent à la folle agitation des vagues l'élan de leur vol en- flammé. Pourpres et bleuâtres, les ombres sinistres des lames 10 déferlantes se projettent sur la brume de la nuit, qui s'amon- celle froide et rampante, s'avançant comme l'ombre de la mort sur le navire criminel qui fatigue dans cette mer fulgurante, sa mâture grêle se dessinant sur le ciel en traits de sang, ceinte de réprobation dans ce reflet effrayant qui met au ciel 15 le signe de l'horreur, mêle son déluge de flamme à la lumière du soleil, et, se prolongeant au loin sur la désolation haletante de la houle sépulcrale, empourpre les flots innombrables.

1. Elles. When the passage is given as an independent exercise, *Les vagues* should of course be substituted for *Elles*.

2. avec furie; cp. Flaubert ('Trans.' p. 119): L'eau, plus noire que de l'encre, courait *avec furie* des deux côtés du bordage.

3. invisible: var. *sourde*. There seems to be no closer equivalent of 'under.'

5. éclairée: var. *illuminée*, but the word has been used, at the end of No. LVI.

fauves. The 'lamp' referred to is presumably a magic lamp or will-o'-the-wisp (=*feu follet*; on the sea, *feu Saint-Elme*), and in any case "*de falot*," "*de phare*," "*de lampe*," etc. would be odd along- side *verdâtres* or *glauques*; *blafardes* would be not inappropriate.

réfléchissant en éclairs. For this method of translation see 'Man.' p. 38, § 8 and 'Trans.' § 84.

6. à son déclin. The Sun's *declining* rays require something more definite than *le couchant*; cp. No. XIX (ii), note to l. 1.

8. écarlate: usually a noun in French.

10. Pourpres et bleuâtres: see 'Trans.' § 38.

sinistres. Connected with 'purple and blue' (and with 'burns like gold' in No. LVI), 'lurid' cannot denote a definite colour, but must be subjective, = 'ominous,' 'uncanny.'

11. déferlantes; for the exact sense of *déferler* see 'Trans.' p. 152.

13. criminel. The picture was entitled 'Slavers throwing overboard the dead and dying. Typhoon coming on.'   **fatigue.** This is the technical term said of a ship in distress, like Latin *labōrare*.

dans cette mer fulgurante: var. *dans les lueurs fulgurantes de la mer.*

14. se dessinant: var. *s'inscrivant*: cp. Proust, *Du Côte de chez Swann*, I, 62: On reconnaissait le clocher de Saint-Hilaire de bien loin, *inscrivant* sa figure inoubliable à l'horizon.

15. qui met au ciel &c. The translation offered expresses what we take to be the meaning of the English; a closer rendering seems unattainable.

16. la lumière: not *"la clarté"* or *"les clartés,"* which would indicate the light of noon-day, not of sunset.

18. empourpre &c. The quotation, 'the multitudinous seas incarnadine' (*Macbeth*, II, ii, 62) is translated by M. Maeterlinck, *empourpre les* vagues *innombrables*; but there is no reason why one should not say la *mer* innombrable (cp. Comtesse Mathieu de Noailles, *Le Cœur innombrable*, and Verhaeren, leur *bruit* innombrable [des usines de guerre]), since Shakespeare's phrase is intentionally ornate and bold.

LX. La Campagne romaine.

Peut-être n'est-il pas au monde de spectacle plus saisissant que l'étendue solitaire de la campagne de Rome au déclin du jour. Que le lecteur s'imagine un moment loin du bruit et des mouvements du monde vivant, jeté seul sur cette plaine sauvage et désolée. Le sol s'affaisse et s'effrite sous ses pas, si légers qu'ils soient, car la substance en est blanche, creuse et friable, comme la dépouille poussiéreuse des ossements humains. Les longues herbes enchevêtrées se balancent et s'agitent faible-

ment à la brise du soir, et les ombres mouvantes qu'elles projettent frissonnent le long des bancs de ruines qui se dressent
vers la lumière du soleil. Des tertres de terre croulante se
soulèvent à l'alentour, comme si les morts ensevelis se débat-
taient dans leur sommeil ; des blocs épars de pierre noire,
quadrangulaires, vestiges de puissants édifices dont pas un
n'est resté sur l'autre, les oppriment de leur poids. Une brume
blafarde, violacée, pestilentielle, se traîne à la surface du désert,
couvrant d'un voile les sinistres débris des ruines massives, sur
les crevasses desquelles repose une lueur rouge, comme un feu
qui meurt sur des autels profanés. La crête bleue du mont
Albain se profile sur un fond solennel de ciel vert, limpide et
calme. Des entassements de sombres nuages, pareils à des
sentinelles, se dressent, immobiles, le long des promontoires
des Apennins. Depuis la plaine jusqu'aux montagnes, les
aqueducs écroulés, pile après pile, vont se perdre dans les
ténèbres, tels d'innombrables cortèges funèbres revenant de la
tombe d'une nation.   L. E. K.

LXII. Repos : Type de la Permanence divine.

Dans la cathédrale de Lucques, près de la porte d'entrée
du transept nord, se trouve un monument de Jacopo della
Quercia à la mémoire d'Ilaria di Caretto, femme de Paolo
Guinigi. Je le mentionne, non qu'il soit plus beau ou plus
parfait que d'autres œuvres de la même période, mais parce 5
qu'il fournit un exemple de l'exact et juste milieu entre la
raideur et la rudesse des statues tombales plus anciennes et
l'imitation morbide de la vie, du sommeil ou de la mort dont
la mode s'est établie dans les temps modernes. Elle est étendue
sur une simple couche, un lévrier à ses pieds ; non pas sur le 10
flanc, mais la tête posée droite et naturellement sur le dur
oreiller, où, remarquons-le bien, il n'y a aucun effort pour pro-
duire un semblant mensonger de pression. La pierre figure un
oreiller, mais non pas jusqu'à s'y méprendre. Les tresses de
cheveux ceignent étroitement le beau front ; les yeux doux, 15
aux paupières arquées, sont clos ; la tendresse des lèvres
aimantes est fixée dans le repos ; elles ont un je ne sais quoi,

qui exclut le souffle de la vie et qui n'est ni la mort ni le
sommeil, mais la pure image de l'une et de l'autre. Les mains
20 ne se lèvent pas en prière, elles ne se joignent pas, mais les
bras s'allongent sur le corps et les mains se croisent en tombant. La draperie cache les pieds, dissimule la forme des
membres, mais laisse voir leur délicatesse.

Si quelqu'un d'entre nous, s'étant arrêté un instant auprès
25 de ce tombeau, pouvait voir, à travers ses larmes, un de ces
monuments funèbres, prétentieux et indiscrets, qu'en ces jours
de froide indifférence la douleur simulée érige au sot orgueil,
il apprendrait, je pense, telle leçon d'amour qu'aucune froideur
ne saurait écarter, nulle sottise oublier, nulle insolence mépriser.

1. **de la porte** &c. : var. *du portail septentrional* (as in *L'Illustration*, 30 Oct. 1920, p. 312). *Un portail* is larger and more elaborate
than *une porte*.

4. **non que** + Subjunctive…**parce que** + Indicative corresponds
exactly to *non quod…sed quia*, *i.e.* the erroneous reason is expressed
in the Subjunctive, the true reason in the Indicative.

5. **œuvres.** The word *exemple* (m.) will be required to render
'instance' in the next line ; *spécimen* (m.) is used of many other things
than works of art and comes perilously near to *échantillon* in its
commonplace associations ; it is less appropriate therefore than *œuvres*,
the usual term applied to the 'works' of sculptors, artists and writers.

6. **juste milieu** : cp. Dussieux, *Les Artistes français à l'étranger*
(Lecoffre, 1876), p. 415 : la pose du cavalier est noble, gracieuse
et naturelle ; son vêtement tient le *juste-milieu* entre le costume du
temps et les conventions adoptées par la sculpture.

7. **statues tombales.** The word *effigie* (f.) = 'représentation en
relief ou en peinture de la figure d'une personne' (L.) is somewhat
technical, and too limited in meaning to correspond to Ruskin's use
of 'effigy.'

9. If ambiguity is feared, *Ilaria* may be repeated.

10. **lévrier.** The mediæval flavour and the artistic associations
of this word (see the quotation in the note to l. 13) make it preferable
to the everyday equivalents of 'hound,' viz. *chien de chasse* and *chien
courant.* The word *levrette* (f.) 'variété, ordinairement plus petite, du
lévrier d'Italie' (Larousse) ; 'la femelle du lévrier' (Littré) seems suitable
here : cp. Renan, *Souvenirs d'Enfance*, p. 18 : Je n'étais à l'aise que
dans la compagnie des morts, près de ces chevaliers, de ces nobles
dames, dormant d'un sommeil calme avec leur *levrette* à leurs pieds.

11. naturellement. It is doubtful whether *"simplement"* would quite convey the sense intended and, coming immediately after *simple*, it would jar in French, though Ruskin's 'simple'...'simply' passes almost unnoticed in English.

13. La pierre &c. The most obvious rendering, *On comprend que c'est un oreiller, mais on ne s'y méprend pas*, would not give a clear idea of what is meant here. Var. *un coussin*: cf. La statue (de Jehan de Montmorency), en marbre blanc, grandeur naturelle, est d'une exécution remarquable; la tête repose sur *un coussin*, les mains sont pieusement jointes, les pieds s'appuient sur un *lévrier*, symbole de la fidélité. (*L'Illustration*, 18 Sept. 1919, p. 323.)

14. Les tresses &c. The difficulty is that 'flat' appears at first sight to be in some sort a contradiction of 'braid,' which would naturally mean a plait. 'Braid,' however, is used in various senses, *e.g.* 'In 19th c. sometimes applied to the flat bands of hair, worn at one time by ladies over the side of the face, as in early portraits of Queen Victoria' (O.E.D., which quotes: 1865 Trollope, *Belton Est.* I, 11: 'Wearing on her *brow* thin braids of false hair).' If that were the sense here, the exact translation would be *bandeau* (m.); cp. H. Hovelaque, *George Eliot: Morceaux choisis*, p. x: A cette époque G. Eliot portait les cheveux en *bandeaux plats*. But the reference is to the tightly bound braiding of the hair practised in mediæval times. Ruskin's words are not clear, but the replica of the monument in the Victoria and Albert Museum (as also the drawing by Mr Collingwood preserved in the Ruskin Museum, Meersbrook Park, Sheffield, of which a photograph was kindly sent us by the Curator, Mr Gill Parker) leaves no doubt as to what is meant. On the left of the brow the hair appears as tightly plaited, on the right in a decided *roll*, the upper portion of the hair being free and not braided or plaited. The closest rendering, Les cheveux *tressés à plat*, corresponds to the facts, but is not readily intelligible. The reader will find in the Index to the Library Edition of Ruskin's Works a large number of references to this subject.

16. arquées. Cp. V. Hugo, *Orientales*, xv :

J'aime, s'il est vainqueur, quand s'est tû le tambour,
Qu'il ait sa belle esclave aux paupières *arquées*.

17. est fixée : perhaps preferable to *s'est fixée*, as being less suggestive of the 'morbid imitation' alluded to above.

20. en prière : for the same reason preferable to *pour prier*.

23. laisse voir. For both 'hide' and 'conceal' the ordinary equivalent is *cacher*, but the repetition would be intolerable; *dissimuler* = 'hiding something which ought not to be seen' is perhaps the closest rendering possible, but it is not strictly applicable to the second of the terms, viz. *délicatesse*.

26. indiscrets. The underlying notion of 'unkind' is no doubt that, however well-intentioned, these 'encumbrances of the grave' offend against good taste and therefore do injustice to the dead whom they commemorate; var. *de mauvais goût, déplacés*.

27. froide indifférence: a paraphrase of 'hollow,' which has no close parallel in French, and of 'heartless' (= *sans cœur*), which cannot easily be worked in.

LXIII.   LA CATHÉDRALE D'ANVERS.

A l'extérieur, comme à l'intérieur, cette cathédrale était une fidèle expression du principe de la dévotion chrétienne. A travers le vaste amoncellement des saintes images, les ornements sans fin, la multiplicité des épisodes, l'infinie variété des
5 détails, le principe central et générateur était partout visible. Tout pointait vers le ciel, depuis la flèche perdue dans les nuages jusqu'à la voûte qui enchâssait la figure sculptée du plus petit saint dans les chapelles en bas. C'était un sanctuaire non point destiné, comme les temples païens à enfermer
10 une divinité visible, mais édifié pour que les mortels y pussent adorer un Être invisible, habitant les royaumes des cieux.

L'église, qu'entourait le remous des rues bruyantes de la métropole, était comme une île sacrée au milieu d'un océan
15 tumultueux. Dans le crépuscule perpétuel, les hauts troncs des colonnes jaillissaient, drus et serrés, du sol tacheté d'ombre et de lumière. Chaque fût de cette forêt s'élevait à une hauteur prodigieuse et les multiples branches, s'enchevêtrant au-dessus, formaient un dais majestueux. Feuillage, fleurs et fruits d'une
20 luxuriance formidable, oiseaux et bêtes étranges, griffons et chimères en multitudes infinies, la végétation exubérante et la zoologie fantastique d'un monde fabuleux, semblaient animer et décorer les troncs serrés et les branches pendantes, tandis que les symphonies éclatantes ou les murmures agonisants des
25 orgues faisaient penser à la course du vent à travers la forêt— imitant tantôt le grand diapason de la tempête, tantôt la douce cadence de la brise du soir.

To illustrate the vocabulary used to render this passage we have selected a number of examples from J.-K. Huysmans, *La Cathédrale*. These are indicated by the letter *C*.

2. expression: cp. Cette basilique était *l'expression* la plus magnifique de la beauté qui s'évade de sa gangue terrestre (*C.* p. 163).

5. le principe central &c.: var. *l'idée maîtresse, mère*; cp. Flaubert, *Corr.* III, p. 220: Un bon sujet de roman est celui qui vient tout d'une pièce, d'un seul jet. C'est une *idée mère* d'où toutes les autres découlent.

6. Tout pointait &c.: cp. P. Loti, *Mort de Philae*, p. 34: des minarets qui *pointent* en plein ciel au-dessus de votre tête. For the thought, cp. Il faut arriver aux clochers, aux flèches de pierre, pour trouver le véritable symbole des prières jaculatoires perçant les nues, atteignant, comme une cible, le cœur même du Père (*C.* p. 150); Cette basilique se faisait toute âme, toute prière, lorsqu'elle s'élançait vers le Seigneur pour le rejoindre (*C.* p. 163).

7. la figure sculptée &c.: if we said 'le plus petit saint sculpté dans' etc. it might mean 'sculptured in the chapels'; cp. Proust, *Pastiches et Mélanges*, p. 174: jusqu'à ces suprêmes altitudes de pierre …où un *ermite sculpté* vivait isolé.

8—10. The confusion in the English construction must be removed if our translation is to mean anything in French.

11. habitant: avoids the ambiguity that would arise if *dans* were used.

13. la métropole: var. *la capitale*. One meaning of *métropole* is 'ville qui a un siège archiépiscopal,' another, 'ville la plus importante d'une région sous un rapport déterminé' (N. L.).

14. un océan: cp. V. Hugo, *Notre-Dame de Paris*: Quasimodo ne rêvait pas d'autre *océan* que Paris qui bruissait aux pieds de ces tours.

15. le crépuscule: var. *les ténèbres*: cp. les *ténèbres* du sanctuaire (Chateaubriand, 'F. P.' p. 143) and 'dans les tièdes *ténèbres* de la futaie sourde' (*C.* p. 30).

les…troncs: cp. les *troncs* d'arbres *jaillissaient*, vertigineux, du *sol*, s'élançaient d'un seul trait dans le ciel, se rejoignant à des hauteurs démesurées, sous la voûte des nefs (*C.* p. 35).

16. jaillissaient &c.: cp. P. Loti, *Mort de Philae*, p. 217: Aux époques d'inconcevable magnificence, cette *futaie* de colonnes a poussé haute et serrée, a *jailli* du sol avec fougue….

tacheté: cp. Le bois ouvrait ses allées solitaires *tachetées* d'ombre et de soleil (M. Tinayre, *Avant l'Amour*, p. 78).

18. prodigieuse: cp. malgré son altitude *prodigieuse* (*C.* p. 165). Var. *vertigineuse*.

19. **dais**: cp. les voûtes qui se réunissent de même qu'*un dais* (*C.* p. 486).   20. **étranges**: var. *bizarres, fabuleux.*
21. **la végétation**: cp. je suis frappé de la délicatesse des *végétations* courant sous des dentelles (*C.* p. 78); la *végétation* lapidaire de Reims (*C.* p. 275).
la zoologie: cp. la *zoologie* mystique (*C.* p. 412). Var. *la flore, la faune*: cp. ces emblèmes incarnés dans une certaine *faune*, personnifiés dans une certaine *flore* (*C.* p. 120).
24. **les symphonies** &c. Cp. Chateaubriand ('F. P.' p. 143): L'architecte chrétien, non content de bâtir des forêts, a voulu, pour ainsi dire, en imiter les murmures.

LXVI. La Dame du Harem.

Couchée avec grâce sur un riche tapis de Perse semé de coussins doux et moelleux, elle offre à l'admiration le plus riche tableau qu'on puisse contempler. Ses yeux, sinon aussi dangereux pour le cœur que ceux de chez nous où la lumière de l'intelligence rayonne dans un ciel d'azur, sont néanmoins parfaits dans leur genre et au moins aussi dangereux pour les sens. Languissants—et pourtant remplis d'une vie intense, sombres et cependant pleins d'éclat; très doux et cependant limpides comme des étoiles, ils ressemblent, disent leurs poètes, à l'amande par leur forme, et, par leur timide éclat, à ceux de la gazelle. Le visage est d'un ovale délicat (et sa forme est relevée par le turban frangé d'or, la coiffure la plus seyante du monde; les longues tresses, noires et soyeuses, dégageant le front, ondulent de chaque côté du visage, retombant dans le dos en une brillante cascade où scintillent des gouttes d'or comme celles qui devaient étinceler sur Danaë après l'averse olympienne. Une légère tunique de crêpe de Chine rose ou bleu pâle est recouverte par une longue robe de soie ouverte sur la poitrine et boutonnée de là jusqu'aux petits pieds chaussés de délicates pantoufles qui pointent gracieusement sous les pantalons de soie bouffants. Autour des hanches plutôt que de la taille une écharpe de cachemire se noue négligemment en ceinture; et une jaquette brodée ou une ample robe de soie avec de larges manches ouvertes, complète le costume. Le narghilé parfumé, avec son long serpent bigarré et son bout orné de joyaux, n'enlève rien au charme du tableau.

LXVIII. LA BELLE JUIVE.

La personne de Rebecca aurait en effet pu supporter la comparaison avec les plus fières beautés de l'Angleterre, même aux yeux de ce fin connaisseur qu'était le prince Jean. Ses formes étaient d'une symétrie exquise que rehaussait encore une espèce de robe orientale qu'elle portait selon la mode des 5 femmes de sa nation. Son turban de soie jaune s'accordait à merveille avec son teint ambré. L'éclat de ses yeux, la superbe courbe de ses sourcils, son nez aquilin admirablement ciselé, ses dents blanches comme des perles, la profusion de ses tresses d'ébène, arrangées chacune en petites volutes de boucles 10 frisées, débordait sur un cou et une gorge adorables qu'on entrevoyait sous une simarre de la plus magnifique soie de Perse, où l'on distinguait des fleurs de couleur naturelle en relief sur un fond pourpre. Toutes ces grâces réunies formaient un ensemble de charmes qui ne le cédait en rien à la plus belle 15 des damoiselles qui l'entouraient. Il est vrai qu'au nombre des agrafes en or émaillées de perles, qui fermaient son corsage depuis la gorge jusqu'à la taille, les trois premières étaient défaites à cause de la chaleur, ce qui ajoutait encore au coup d'œil dont nous parlions. Par la même raison, un collier en 20 diamants, orné de pendentifs hors prix, ressortait davantage. Pour surcroît de distinction, la belle Juive portait une plume d'autruche, attaché à son turban par une boucle sertie de brillants, singularité qui lui attirait les sarcasmes et les railleries des matrones altières placées plus haut qu'elle, mais qui 25 néanmoins excitait l'envie secrète de celles qui affectaient de s'en moquer. L. E. K.

3. **de ce fin connaisseur** : var. *d'un connaisseur aussi* avisé *que*. The spelling of the English word is obsolete in French.

4. **que rehaussait encore** : var. *que faisait valoir*.

5. **une espèce de** &c. : var. *une robe de façon orientale*.

7. **ambré** : var. *brun, mat*, according to one's conception of the English.

8. **aquilin** : var. *busqué*.

11. **débordait** : "*retombait*," a favourite word in similar contexts, would be unsuitable here.

16. **damoiselles**, like **matrones** (l. 25), is necessitated by the mediæval setting.

17. **corsage** : var. *veste* (f.).

22. **une plume** : var. *un plumet*, which, however, is perhaps too modern in its associations.

LXIX. BÉATRIX ESMOND.

Esmond avait quitté une enfant et retrouvait une femme qui avait atteint une taille au-dessus de la moyenne et qui était arrivée à une plénitude de beauté si éblouissante que les yeux du jeune homme pouvaient bien exprimer de la surprise
5 et du ravissement à sa vue. Dans ceux de Béatrix il y avait un éclat si lustré et si émouvant que j'ai vu toute une assemblée de personnes la suivre, comme entraînée par une attraction irrésistible ; et ce même soir où l'illustre duc fut au théâtre après Ramillies, la salle entière se retourna (Béatrix entrant
10 par hasard au même instant du côté opposé) et fixa les yeux sur elle, et non sur lui. C'était une beauté brune ; ses yeux, ses cheveux, ses sourcils et ses cils étaient noirs ; ses cheveux aux boucles luxuriantes couvraient ses épaules de leurs ondulations, mais son teint était d'un blanc aussi éblouissant que la
15 neige frappée du soleil, à l'exception de ses joues, qui étaient d'un rouge vif, et de ses lèvres, qui étaient d'un incarnat plus intense encore. Sa bouche et son menton, disait-on, étaient trop grands et trop pleins. Peut-être serait-ce vrai d'une déesse de marbre, mais non d'une femme dont les yeux étaient de
20 flamme, dont le regard était tout amour, dont la voix était le chant le plus grave, dont la forme était la perfection de la symétrie, de la santé, de la décision, de l'activité ; dont le pied en se plantant sur le sol était ferme mais flexible, et dont les mouvements—qu'ils fussent rapides ou lents—étaient toujours
25 d'une grâce achevée. Agile comme une nymphe, hautaine comme une reine, tantôt émouvante, tantôt impérieuse, tantôt sarcastique—il n'y avait pas un seul de ses mouvements qui ne fût beau. En repensant à elle, celui qui écrit ceci se sent rajeunir et se souvient d'un modèle de beauté.   H. L.

6 and 26. **émouvant.** The epithet 'melting,' usually intransitive as in Othello's 'melting mood,' is also frequently transitive (see O.E.D.), as it is taken to be here.

29. **d'un modèle de beauté** : var. *d'un être incomparable, d'un parangon.*

LXXII. LA MÉTHODISTE.

Dinah s'arrêta et tourna ses yeux gris vers l'assemblée ; ses mains, qui n'étaient pas gantées et ne tenaient pas de livre, pendaient, négligemment croisées devant elle. Elle se tenait debout, sa gauche tournée vers le soleil couchant, dont les rayons étaient tamisés par des branches touffues : mais sous cette lumière discrète le teint délicat de son visage semblait revêtir un éclat serein, comme celui des fleurs à la tombée du jour. La figure était ovale, petite, d'une blancheur égale et transparente—la courbe de la joue et du menton aussi pure que celle d'un œuf, la bouche un peu pleine mais d'un dessin ferme, la narine délicate : du front bas et droit remontait une raie arquée qui séparait des bandeaux plats d'un roux clair. Les cheveux étaient ramenés franchement derrière les oreilles et recouverts d'un bonnet de tulle à la quaker, à l'exception d'un ou deux pouces juste au-dessus du front. Les sourcils, de même nuance que les cheveux, étaient parfaitement recti- lignes et fermement dessinés ; les cils, sans être plus foncés, étaient longs et abondants. Nul trait n'était resté indécis ou flou. Un de ces visages qui font penser à des fleurs blanches dont les pétales neigeux s'avivent de légères touches de couleur. Les yeux n'avaient d'autre beauté que celle de l'expression. Ils étaient si purs, si candides, si gravement affectueux que toute défiance ombrageuse, tout persiflage ironique ne pou- vaient manquer de se dissiper sous leur regard.   H. E. B.

LXXIII. LE PRINCE ROUGE.

Il était à peine quatre heures quand le Prince Rouge monta au galop l'étroit chemin de montagne venant de Gorze ; son puissant cheval bai, en nage et couvert d'écume, tout essoufflé de sa course rapide le long de la pente escarpée, était pourtant impitoyablement pressé de l'éperon, tandis que l'état-major et l'escorte haletaient à plusieurs longueurs en arrière du cavalier impétueux qui les devançait. Il galopait toujours plus loin, toujours plus haut, se penchant sur l'arçon de sa selle pour ménager son cheval, mais son attitude donnait

l'impression qu'il brûlait de s'élancer en avant plus vite que
l'animal ne pouvait couvrir le terrain. Pas de peau de loup,
mais le dolman rouge des hussards de Zieten couvrait le torse
massif ; mais le visage crispé avait cet air que notre imagina-
tion prête au berserk. Les yeux injectés brillaient d'une lueur
livide, lugubre et sanguinaire. L'ardeur du soleil et la longueur
de la course avaient empourpré les joues et gonflé les veines
du cou. Ceux qui, à travers les années écoulées, ont gardé la
mémoire de ce visage au front menaçant, aux regards féroces,
à la forte mâchoire, comprennent pourquoi, aujourd'hui encore,
dans les villages français, les mères évoquent les terreurs du
Prince Rouge, comme jadis les paysannes anglaises recouraient
au nom du Black Douglas pour terrifier leurs enfants et les
réduire au silence.   H. E. B.

LXXIV. Jean Sans Terre.

Jean Sans Terre, avec une suite considérable, séjourna une
fois, pendant quinze jours environ, au couvent de St Edmundsbury ; présent quotidiennement à la vue même, palpable aux
doigts mêmes, de notre Jocelin. O Jocelin, que dit-il ? que
5 fit-il ? quel air avait-il ? comment vivait-il ?—tout au moins,
quel habit ou quelle culotte portait-il ? Jocelin s'obstine dans
son silence. Jocelin note ce qui est intéressant pour *lui* ; il est
entièrement sourd à nos questions à nous. Par les yeux de
Jocelin nous ne distinguons presque rien de Jean Sans Terre.
10 Confusément, comme dans un miroir, à l'aide de nos propres
yeux et par nos propres moyens, concentrant nos regards, nous
entrevoyons tout au plus : la silhouette d'un homme dissipé
et bruyant, non sans une sorte de distinction équivoque, habillé
de velours cramoisi ou autre étoffe incertaine, d'une coupe in-
15 certaine, avec beaucoup de plumes et de franges ; entourée de
nombreuses autres silhouettes semblables ; sortant à cheval, le
faucon au poing ; disant bruyamment des riens ; vidant les entrailles du couvent de St Edmundsbury (en l'espèce, ses celliers
et ses garde-manger) de la façon la plus ruineuse, vivant là,
20 comme au râtelier à demeure. Jocelin note seulement, d'un ton
quelque peu aigre-doux, que Sa Royale Majesté, *Dominus Rex*,

"laissa comme offrande à notre chapelle de St Edmond" un
assez beau manteau de soie—ou plutôt fit semblant de le
laisser, car quelqu'un de sa suite nous l'emprunta, et quant à
nous, nous ne le revîmes plus jamais ; et, pour tout dire, que 25
le *Dominus Rex*, en partant, nous donna treize sterlingii, un
shilling et un penny, pour se faire dire une messe, et s'en alla
ainsi, comme le chiche Sans Terre qu'il était! Treize pence
sterling, c'est tout ce que le couvent eut de Jean Sans Terre
pour toutes les victuailles que lui et les siens avaient fait dis- 30
paraître. Nous, naturellement, nous avons dit notre messe à
son intention, étant convenus de le faire,—mais que la pos-
térité impartiale juge avec quel degré de ferveur !

2. **pendant quinze jours environ**: var. *une quinzaine de jours.*
au couvent: see 'Man.' p. 28, *s.v.* 'IN.'
6. **culotte**: "*pantalon*" is inexact.
10. **Confusément** &c. So rendered in the Ostervald version,
1 Cor. xiii. 12.
12. **la silhouette d'un homme**: var. *une silhouette humaine,*
but this would entail the agreement of *bruyante*, an odd epithet to
apply to *silhouette.*
19. **garde-manger**: "*offices*" = rather 'pantries.'
28. **chiche**: var. *pingre*, more conversational.

LXXV.

En 1831 Charlotte Brontë était une jeune fille douce,
pensive, allant sur ses quinze ans, de très petite taille—
"rabougrie," c'était l'épithète qu'elle s'appliquait elle-même—
mais, comme sa tête et ses membres étaient exactement pro-
portionnés à son corps frêle et fluet, aucun terme insinuant
tant soit peu la difformité ne pouvait équitablement lui être
appliqué ; elle avait des cheveux châtains, épais et soyeux, et
des yeux singuliers que j'aurais de la peine à décrire tels que
je les ai vus sur la fin de sa vie. Ils étaient grands et bien
fendus, d'un brun tirant sur le roux, mais l'iris, quand on l'exa-
minait de près, semblait composé d'une grande variété de
nuances. Leur expression habituelle décelait une intelligence
posée, attentive, mais, par moments, lorsqu'une circonstance
excitait chez elle un vif intérêt ou une juste indignation, ils

s'éclairaient d'une lueur, comme si une lampe intérieure s'allu-
mait derrière leurs expressives prunelles. Je n'en ai jamais vu
de pareilles chez aucune créature humaine. Pour le reste, ses
traits étaient gros, communs et irréguliers; mais à moins de
les détailler un à un, on s'en apercevait à peine, car les yeux
et la puissance de l'expression compensaient tout défaut
physique; on oubliait sa bouche de travers et son nez trop
grand, le visage entier fixait l'attention et captivait bientôt
tous ceux dont elle aurait elle-même souhaité d'attirer les
regards.   H. E. B.

LXXVIII. Maggie au Camp des Bohémiens.

Maggie commença à croire que Tom devait avoir raison à
propos des bohémiens : c'étaient certainement des voleurs, à
moins que l'homme n'eût l'intention de lui rendre son dé plus
tard. Elle lui en aurait volontiers fait cadeau, car elle n'y
5 tenait pas du tout; mais l'idée qu'elle se trouvait parmi des
voleurs l'empêchait de jouir du retour de déférence et d'atten-
tions qu'on lui témoignait—tous les voleurs excepté Robin
Hood étant de méchantes gens. Les femmes s'aperçurent
qu'elle avait peur.
10   "Nous n'avons rien de bon à manger pour une demoiselle,"
dit la vieille de son ton câlin, "et elle a si faim, la gentille
petite demoiselle!"
     "Tiens, ma chérie, essaye d'en manger un peu," dit la plus
jeune des deux femmes, lui tendant une cuiller en fer et, dans
15 une écuelle brune, une petite portion du ragoût. Maggie, se
rappelant que la vieille avait paru fâchée contre elle parce
qu'elle n'avait pas trouvé le pain et le lard à son goût, n'osa
pas refuser le ragoût, bien que la peur lui eût ôté l'appétit.

     2. bohémiens : to be carefully distinguished from *Bohèmes* =
'Bohemians' (artists etc.).
     6. retour : var. *renouveau*.
     11. si faim : the conversational turn : otherwise *grand'faim*.
     13. essaye d'en manger : *vois si tu peux en manger* is just
possible.
     la plus jeune des deux femmes : "*la plus jeune femme*" is not
French.

15. une écuelle brune. The epithet is odd in French ; *"un plat brun"* is impossible unless we are to take it as the 'reported speech' of a child ; the most convenient way of producing better French would be to say *une écuelle de terre brune,* which is probably what is meant, although we are not told.

une petite portion : "un peu" is meaningless ; 'some' in this sense is difficult.

LXXXII. Promenade de Minuit.

La vie que je menais alors me rendit à la fois sobre et dur à la fatigue. Je ne buvais jamais que de l'eau et je mangeais rarement quelque chose de plus coûteux que du gruau d'avoine ; et si peu de sommeil me suffisait que, bien que je me levasse à la pointe du jour, il m'arrivait souvent de rester éveillé au lit, 5 sous un ciel obscur ou semé d'étoiles. C'est ainsi que, à Graden Sea-Wood, bien que j'eusse été très content de m'endormir vers huit heures du soir, je me réveillai avant onze heures dans la plénitude de mes facultés et sans ressentir ni assoupissement ni fatigue. Je me levai et m'assis près du feu, regardant 10 les arbres qui s'agitaient éperdument et les nuages qui fuyaient au-dessus de ma tête, et écoutant le vent et les vagues qui se brisaient sur le rivage ; jusqu'à ce que, fatigué à la longue de rester inactif, je quittai le vallon et me dirigeai en flânant du côté de la lisière du bois. Une jeune lune, perdue dans la 15 brume, éclairait faiblement mes pas ; et la lumière devint plus brillante comme je débouchais sur la lande. En même temps le vent, sentant le large et chargé de grains de sable, me frappait de toute sa force, si bien qu'il me fallait courber la tête.

1. **alors** : necessary to complete the sense.

sobre : var. *frugal.* 'L'homme *frugal* se nourrit de mets simples ; l'homme *sobre* ne mange que ce qui est nécessaire à ses besoins ; *frugal* a rapport à la qualité des mets, sobre à la quantité.' (Littré.)

2. Cp. Mignet, *Vie de Franklin* : Franklin se contentait d'une soupe de *gruau* (*i.e.* 'porridge')...*ne buvant que de l'eau.*

3. **quelque chose** : "*rien*" would be illogical with *rarement.*

4. **si peu** &c. If this is open to the objection that *si* would at first appear = 'if,' the variant *il me fallait* may be substituted.

5. **à la pointe du jour** : var. *au point du jour.*

11. **éperdument** : var. *furieusement.*

15. Une jeune lune. For *Une lune* cp. the quotation in No. XL, note to l. 13 and Lamartine, *Confidences*, p. 148 : *Une lune* splendide éclairait de ses gerbes froides mais éblouissantes le reste de la terrasse; and for *jeune*, Charles Morice, *Le Soir* :

> Le soleil...recule
> Devant la *jeune lune* au bord du crépuscule.

Var. *La nouvelle lune.*

17. débouchais. N.B. *déboucher* = to move from a narrow space into a wider, *e.g.* Fromentin, *Un Eté dans le Sahara*, p. 42 : On *débouche* enfin, par un col étroit, sur la première plaine du sud. The exact opposite is *s'engager* (see No. XXXI, note to l. 1).

18. sentant le large : so Loti ; var. *sentant la mer.*

19. courber : better than *baisser* etc. ; see 'Man.' p. 52.

LXXXIII. LE CAMP DES HABITS ROUGES.

Il devait être neuf heures du matin, je crois, quand je fus rudement réveillé, et sentis la main d'Alain qui me pressait la bouche.

"Chuto !" murmura-t-il, "rounflaës." [Chut ! tu ronflais.]

"Eh bien," lui dis-je, surpris de sa mine sombre et soucieuse, "et pourquoi pas ?"

Il regarda fixement par dessus le bord du rocher, et me fit signe d'en faire autant.

Il était déjà grand jour, le ciel était sans nuages, et il faisait très chaud. La vallée était distincte comme dans un tableau. A un demi-mille environ en amont se trouvait un camp d'habits rouges ; un grand feu flambait au milieu, sur lequel quelques-uns faisaient leur cuisine ; et tout près, sur le sommet d'un rocher presque aussi élevé que le nôtre, se tenait une sentinelle, dont les armes étincelaient au soleil. Tout le long de la rivière, en aval, étaient postées d'autres sentinelles, tantôt rapprochées les unes des autres, tantôt plus espacées ; les unes plantées comme la première sur des endroits dominants, les autres sur le sol plat, et qui allaient et venaient de façon à se rencontrer à mi-chemin. Plus haut dans le vallon, où le terrain était plus découvert, la chaîne des postes se continuait par des vedettes, que nous voyions chevaucher çà et là dans le lointain. Plus bas les fantassins continuaient la ligne ;

mais comme le courant était grossi tout à coup par un assez grand ruisseau affluent, ils étaient plus espacés, et ne surveillaient que les gués et les passages à pied sec.   D. M.

LXXXV. Une Embuscade.

Toute la troupe s'avança en poussant un hourra, le capitaine Thornton en tête, les grenadiers s'apprêtant à lancer leurs grenades dans les buissons où se trouvait postée l'embuscade, et les mousquetaires à les soutenir à l'instant par une attaque vigoureuse. Dougal, qu'on avait oublié dans l'échauffourée, 5 eut la bonne idée de se faufiler dans le bois qui dominait cette partie de la route où nous avions tout d'abord fait halte et qu'il gravit avec l'agilité d'un chat sauvage. Je suivis son exemple, m'avisant instinctivement que le feu des montagnards allait balayer la route ouverte. Je grimpai à perte d'haleine ; 10 car le crépitement d'une fusillade nourrie dont chaque coup était répété par mille échos, le sifflement des fusées allumées des grenades, et l'explosion successive de ces projectiles, mêlés aux hourras des soldats et aux cris et aux hurlements des montagnards, leurs adversaires, formaient un contraste qui, je 15 n'ai pas honte de l'avouer, donnait des ailes à mon désir d'atteindre un lieu de sûreté. Les difficultés de l'ascension augmentèrent bientôt à tel point que je désespérai de rejoindre Dougal, qui semblait se lancer de roc en roc et de souche en souche avec l'aisance d'un écureuil, et je regardai au-dessous 20 de moi pour voir ce qu'étaient devenus mes compagnons.

Parallel Passage : Balzac, *Les Chouans*, Chap. iii. Some similar expressions are :

2. Il se mit à leur tête.

[6. **bois**: *fourré*, following *échauffourée*, is ugly.]

8. Marche-à-Terre disparut dans le bois après avoir grimpé le talus avec la rapidité d'un chat sauvage.

11. un feu bien nourri dirigé sur le bois : une fusillade vive et serrée.

14. Aussitôt, des cris ou plutôt des hurlements sauvages surprirent les républicains.

LXXXVI. Sur les Quais de Bideford.

Par une belle après-midi d'été de l'an de grâce 1575, un grand garçon blond en robe de collégien flânait le long du quai de Bideford, sac et ardoise en main, regardant avec envie les navires et les matelots. Comme il venait de dépasser le
5 bas de la High Street, il se trouva en face d'une des nombreuses tavernes qui donnaient sur le fleuve. A la grande fenêtre en saillie, alors ouverte, étaient assis des marchands et des gentils-hommes qui causaient ensemble, en dégustant, comme toutes les après-midi, leur verre de vin de Xérès ; et devant la porte
10 était rassemblé un groupe de matelots écoutant attentivement quelqu'un qui se tenait au milieu d'eux. Le collégien, toujours à l'affût des nouvelles maritimes, ne put s'empêcher d'aller vers eux prendre place parmi les mousses qui, en chuchotant, jetaient des regards furtifs sous les coudes des hommes ; il arriva
15 ainsi juste à temps pour entendre le discours suivant prononcé d'une voix forte et hardie avec un accent dévonien, et parsemé de jurons.

1. **Par.** The *weather* is described; see No. IV, note to l. 1.

l'an de grâce. The archaic phrase, though less common than in English, occurs in French and not always 'par plaisanterie' as Hatzfeld, 'Dict.' maintains ; *e.g.* About, *Mariages de Paris* : C'était au mois d'octobre *de l'an de grâce* 1848.

2. **robe** : var. *toge* (f.). Cp. Lacordaire, *Lettre d'Angleterre* : de jeunes étudiants avec une toque et une petite *toge* très originale. The reference is no doubt to the gown worn at some Public Schools ; if it were to a French school, *en blouse d'écolier* would suit.

3. **sac** : *cartable* (m.) is the modern school-boy's 'satchel' in France.

avec envie : var. *d'un œil d'envie*, as suggesting perhaps more of the associations of the expressive word 'wistfully.'

7. **gentilshommes.** The word is taken in its older sense ; neither "*bourgeois*" nor "*messieurs*" would be the 16th century opposite of *marchands*.

8. **causaient** : var. *discouraient*.

9. **après-midi.** Either gender is correct ; the feminine, having been preferred in l. 1, is used here for consistency. N.B. the plural is as the singular. **vin de Xérès.** 'Sack' [etymology : (*vin*) *sec*] is a vague term (see O.E.D.) and *vin des Canaries* or *vin d'Espagne* may equally well be what is meant here.

12. à l'affût &c. = 'on the watch for.' Cp. Huysmans, *La Route,*
p. 31 : *à l'affût* d'un livre ; R. Rolland, *Les Amies,* p. 214 : Ils étaient
à l'affût des ridicules de leurs voisins.

nouvelles : var. *histoires.*   **maritimes** : var. *de la mer.*

15. prononcé : *débité* (cp. *le débit* = ' delivery ') refers to articu-
lation ; the verb also means to ' deal out ' (de l'esprit etc., news), cp.
un débit *de tabac* = a tobacco-*shop.*

16. dévonien : cp. *londonien.* It is better to coin a word than to
use a clumsy phrase like "*du Devonshire,*" or "*du comté de Devon.*"

parsemé. An idiomatic phrase, not quite exact here, is: *à grand
renfort de jurons* : cp. Marcel Prévost, *Mlle Jaufre,* p. 86 : *à grand
renfort* de gestes, et *de jurons,* et d'onomatopées.

LXXXVIII. LA NUIT DANS UNE VILLE INCONNUE.

C'était en septembre 1429 ; le temps s'était brusquement
refroidi; on entendait siffler des rafales qui, chargées d'averses,
battaient le bourg dans tous les sens ; et les feuilles mortes
dansaient une folle sarabande le long des rues. Çà et là une
fenêtre était déjà éclairée et le bruit d'hommes d'armes soupant 5
joyeusement à l'intérieur des maisons sortait par bouffées et
était englouti et emporté par le vent. La nuit tombait rapide-
ment ; le drapeau anglais qui flottait au sommet du clocher se
détachait de moins en moins sur les nuages qui couraient ; ce
n'était plus qu'un point noir—on eût dit une hirondelle—dans 10
le chaos tumultueux d'un ciel de plomb. A mesure que la nuit
tombait, le vent s'élevait et commençait à ululer sous les
voûtes et à rugir dans les cimes des arbres qui se trouvaient
dans la vallée au-dessous de la ville.

6. par bouffées : cp. Lamartine, *Premières Méditations, Introduction,* p. 42 : J'entendis sortir, *par bouffées,* de la noire coupole du
couvent grec, les échos éloignés et affaiblis de l'office des vêpres.

8. le drapeau anglais. There is perhaps no reason for avoiding
le drapeau de l'Angleterre, since le drapeau de *la France* is quite
common, notably in patriotic songs.

9. couraient : cp. quotations in No. I, note to l. 13.

LXXXIX. LA NUIT DANS UNE VILLE INCONNUE (Suite).

Denis de Beaulieu marchait vite et bientôt il frappait à la
porte de son ami ; mais, bien qu'il se fût promis de ne rester

que peu de temps et de rentrer de bonne heure, on lui fit si
bon accueil et il trouva tant de choses pour le retenir que
5 minuit était passé depuis longtemps quand il dit au revoir à
son ami sur le seuil de la porte. Pendant ce temps le vent
était de nouveau tombé ; il faisait noir comme dans un tombeau ; pas une étoile, pas la moindre lueur de lune ne s'échappait de la voûte des nuages. Denis connaissait mal les ruelles
10 embrouillées de Château Landon ; même en plein jour il avait
eu quelque peine à trouver son chemin : et dans cette obscurité
complète il s'égara bientôt tout à fait. Il n'était certain que
d'une chose : il fallait continuer à monter la colline ; car la
maison de son ami se trouvait dans la partie la plus basse, au
15 pied même de Château Landon, tandis que l'auberge était tout
au sommet, sous le grand clocher de l'église.

   7. **tombeau** : var. *four*.
   8. **ne s'échappait de** : var. *ne perçait*.
   9. **les ruelles embrouillées** : V. Hugo speaks of : ' le laby-
rinthe de rues tortueuses et désertes ' and ' un tricot inextricable de
rues bizarrement brouillées.'

XCI. L'INSIGNE ROUGE DES BRAVES.

   Un détachement de soldats marchait le long d'une vallée
que surplombaient des crêtes occupées par l'ennemi. Par
hasard il arriva qu'un sergent et onze hommes se trouvèrent
séparés des autres. Ils avaient pris le mauvais côté d'un ravin
5 qu'ils s'attendaient à voir se terminer bientôt et qui s'élargit
brusquement en un abîme infranchissable. L'officier en chef
fit signaler à la section l'ordre de rebrousser chemin. Ils pri-
rent ce signal pour un ordre d'attaquer ; ces braves répondirent
par un hourra et se lancèrent en avant. Tout au sommet de
10 la montagne escarpée il y avait un petit plateau triangulaire,
défendu par une barricade, derrière laquelle étaient postés
soixante-dix des ennemis. S'avançant toujours, ils montèrent
à l'assaut par un de ces terribles sentiers, onze contre soixante-
dix. Une lutte si inégale ne pouvait rester longtemps douteuse.
15 L'un après l'autre ils tombèrent—six sur place, les autres rejetés dans l'abîme ; mais pas avant d'avoir tué presque le
double de leur nombre. Il existe, nous dit-on, parmi ces montagnards, une coutume qui veut que lorsqu'un de leurs grands

chefs tombe sur le champ d'honneur, on lui attache autour du
poignet un fil rouge ou vert, le rouge indiquant le rang le plus 20
élevé. Selon leur habitude, ils dépouillèrent les morts et jetè-
rent leurs corps dans le précipice. Quand leurs camarades
arrivèrent, ils trouvèrent leurs cadavres raides et meurtris ; mais
autour des deux poignets de chaque héros anglais était enroulé
le fil rouge. 25

1. **soldats.** The word *troupe* (f.) is not used quite in the same
way as 'troop' or 'troops,' and it could scarcely be worked in here.
Very often it is employed in the Singular = 'the military,' *e.g.* in civil
disturbances, *La troupe* tira sur les émeutiers.

marchait. This is a good example of the singular used both in
English and in French because the subject denotes a military unit ;
French is much stricter in this respect than English, which could say
with equal propriety here 'were marching.'

2. **surplombaient**: var. *dominaient.* An awkward repetition of
the Past Participle can often be avoided by employing thus a Relative
Clause.

crêtes : var. *hauteurs* (f.), which, however, would not give so
explicitly the notion of 'crested.'

4. **Ils avaient pris** &c. If literally rendered, the sentence
would be somewhat cumbrous for French taste.

le mauvais côté. Variants like *s'étaient fourvoyés* (*égarés*, etc.)
would be inaccurate, because we are told that the soldiers took the
wrong *side* of the ravine, not that they took the wrong *ravine.*

5. **s'attendaient à voir.** The clumsy construction *s'attendre à
ce que* + Subjunctive can often be avoided by introducing *voir* ; cp.
also 'Man.' p. 38, § 7.

s'élargit &c.: var. *se perdit brusquement dans* ; with *se perdre*
usage seems to prefer *dans* to *en* in such a case as this.

7. **fit signaler.** Presumably the officer did not actually wave the
flags himself ; var. *envoya par signaux à la section l'ordre.* In any
case, a direct object such as *ordre*, must be supplied.

10. **plateau.** The 'triangular platform' was probably natural,
not artificial, seeing that the incident took place in savage warfare ;
otherwise, *plate-forme* (f.) would have been possible.

12. **S'avançant toujours.** The interchange of Participle and
finite verb gives a neater sentence in French. For *toujours* cp.
'Allez *toujours* !' = 'Go *on* !'

14. **si inégale.** The order of the English words might be retained and 'with such odds' translated by *dans ces conditions inégales.*

15. rejetés. It seems hardly necessary to translate 'backwards' explicitly though the prefix *re-* in this word has so little force that *rejetés en arrière* is often found; var. *refoulés*. The most frequent rendering of 'hurled' is *précipités*, but properly this means 'hurled *forward*,' 'headlong.'

18. une coutume qui veut: cp. 'Man.' p. 46.

21. Selon leur habitude. 'Custom' does not seem to mean the custom just mentioned, but custom in general.

22. dans le précipice. See No. XXII, note to l. 5.

XCII. Un Personnage mystérieux.

Plus je pensais aux paroles du vieillard, à sa mine et à son attitude, moins j'arrivais à m'expliquer ce que j'avais vu et entendu. Je me doutais fort que ses absences nocturnes ne signifiaient rien de bon. Je n'étais parvenu à connaître le fait
5 que grâce à l'innocence de la petite; et bien que le vieillard fût présent à ce moment et qu'il eût remarqué ma surprise non déguisée, il avait gardé sur le sujet en question un silence étrange, sans offrir un seul mot d'explication. Ces réflexions, naturellement, me rappelèrent avec plus de force que jamais
10 son visage tiré, son air égaré, ses regards inquiets ou anxieux. Son affection pour l'enfant pouvait n'être pas incompatible avec la pire infamie; cette affection même était en soi une contradiction extraordinaire; autrement, comment pouvait-il laisser ainsi la petite? Porté comme je l'étais à penser du mal
15 de lui, je ne doutais pourtant pas un seul instant que son affection pour elle ne fût sincère. J'aurais trouvé ce doute inadmissible, en me souvenant de tout ce qui s'était passé entre nous, ainsi que de l'inflexion de sa voix quand il l'avait appelée par son nom.

Title. **mystérieux:** var. *énigmatique.*

1. aux paroles. Neater than *à ce qu'avait dit le vieillard*, as balancing *mine* and *attitude.* In this instance 'looks' might be translated by *regards* (m.), which may have been what Dickens meant; cp. 'anxious looks' *infra.*

2. j'arrivais à m'expliquer. In many cases 'could' is to be left untranslated, *e.g.* 'I *could* not see why' = Je ne *voyais* pas pourquoi; but here 'could' has its full force, which must be shown in the rendering.

3. **Je me doutais fort**: var. *J'avais bien peur que* + Subjunctive.

4. **connaître le fait**: var. *apprendre la vérité* or: *Je n'avais appris le fait que....*

6. **à ce moment**: var. *en cette circonstance.*

7. **non déguisée.** The usual expressions, *à peine dissimulée* or *mal déguisée*, are not quite exact renderings of ' *un*disguised'; they are properly = ' *ill*-disguised.'

il avait gardé &c.: var. *il avait persisté dans une attitude étrange et mystérieuse*: cp. Fromentin, *Dominique*, p. 94: Tu fais le *mystérieux*, me dit-il, tu as tort.

10. **son visage tiré.** Other useful expressions are: *son visage éteint* and *sa figure défaite* (or *décomposée*); for *hagard* see 'Man.' p. 24, *s.v.* ' WILD.'

égaré: var. *distrait.*

11. **pouvait.** The general tone of the passage shows that the Imperfect (Past Continuous, and not the Future in the Past) is required.

12. **infamie**: perhaps *scélératesse* (f.) would be somewhat strong.

15. **pourtant.** The word is required for showing the meaning clearly.

16. **ce doute**: var. *cette pensée.*

18. **ainsi que de l'inflexion.** There is some danger of cacophony here; *e.g.* "ainsi que du *ton* dont il avait prononcé *son nom* "!

XCIV. Le Nageur en Detresse.

Le petit bateau, objet de l'attention charmée des enfants, s'était accroché à quelques touffes de nénuphar qui indiquaient un haut-fond dans le lac à environ une portée de flèche du rivage. Un hardi petit garçon, qui avait tenu la tête dans la course autour de la marge du lac, n'hésita pas un instant à se 5 dépouiller de son gilet, à plonger dans l'eau, et à nager vers l'objet de leur commune sollicitude. Le premier mouvement de la Dame fut d'appeler au secours; mais observant que l'enfant nageait vigoureusement et sans crainte et voyant qu'un ou deux paysans qui assistaient de loin à l'incident ne 10 semblaient pas s'inquiéter de son sort, elle supposa qu'il avait l'habitude de cet exercice et qu'il n'y avait aucun danger. Mais, soit qu'en nageant l'enfant eût heurté de la poitrine contre quelque rocher submergé, soit qu'il fût soudain pris de

¹⁵ crampe ou qu'il eût trop présumé de ses propres forces, il
arriva que, quand il eut dégagé le jouet des glaïeuls où il
s'était empêtré et l'eut remis en marche, à peine avait-il nagé
quelques mètres vers le rivage qu'il se dressa soudain dans
l'eau et poussa un cri perçant, frappant dans ses mains en
²⁰ même temps, avec un geste de crainte et de douleur.

2. s'était accroché : var. *était resté retenu.*

5. de la marge. For these words, perhaps unnecessary in
French as in English, cp. les Goncourt, *Manette Salomon* ('Trans.'
No. vi): la petite mare...à la *marge* mamelonnée.

6. gilet : gilet de flanelle, though exact in a sense, usually means
a woollen under-garment.

nager : var. *pousser au large*, cp. 'Trans.' Nos. i and xvi.

7. Var. *de la sollicitude commune* ; *de leur sollicitude à eux tous.*

10. paysans : var. *villageois*, but the first term is more common
and includes the second.

16. jouet : cp. Loti ('F. P.' p. 313): comme ces *jouets* d'enfant
que l'on couche en soufflant dessus, et qui toujours se redressent.

glaïeuls : var. *glaives* ; cp. Proust, *Du côté de chez Swann*, I,
p. 128 : le *glaïeul* laissait fléchir ses *glaives* avec un abandon royal.

18. se dressa &c. Cp. Proust, *o. c.* p. 158 : Par moments une
carpe *se dressait hors de l'eau* dans une aspiration anxieuse.

20. un geste : var. *une expression*, but this is rather odd in the
context.

CII. Séparation.

Ils avaient quitté les sapins et étaient arrivés à un vallon
vert presque entouré d'un cirque d'églantines rose pâle. Mais,
à mesure que la lumière ambiante s'éclaircissait, le visage de
Maggie s'était assombri. Elle s'arrêta quand ils furent dans le
⁵ vallon, et, regardant de nouveau Philip, elle dit d'une voix
grave et triste :

« J'aurais voulu que nous pussions rester amis—du moins,
si cela avait été pour nous une chose bonne et permise. Mais
c'est là l'épreuve qu'il me faut subir en tout : je ne puis rien
¹⁰ garder de ce que j'aimais quand j'étais petite. Nos vieux livres
sont partis ; et Tom a changé, et mon père.... C'est comme
une mort. Il me faut me séparer de tout ce qui m'était cher
quand j'étais enfant. Et il faut me séparer de vous : nous ne
devons plus jamais avoir l'air de nous connaître. C'est pour-

quoi j'ai désiré vous parler. Je voulais vous faire savoir que 15
Tom et moi ne pouvons faire à notre guise en ces matières, et
que, si je me comporte comme si je vous avais tout à fait
oublié, ce n'est pas par jalousie ni par orgueil, ni par aucun
mauvais sentiment."

  1. Var. *Ils étaient sortis de la sapinière.*
à **un vallon vert** : var. *dans une combe verte* : *dans un creux vert.*
  4. **Maggie** : var. *Margot.* If the French form is used here,
Philippe will be required ; but in most cases it is better to retain the
English forms of Proper Names.
  11. **a changé** : var. *n'est plus la même.*
  13. **me séparer de vous** : var. *vous quitter*, which is the natural
expression, although in this case the insistence on 'part with' makes
me séparer preferable.
  16. Var. *agir à notre guise dans ce domaine-là.*
  19. **mauvais sentiment** : cp. A. Lichtenberger, *La petite Sœur
de Trott* : Il n'a pas l'ombre d'un *mauvais sentiment* contre elle.

CIII. LES JOURS DE PLEIN CONGÉ.

Même à cette heure avancée de ma vie, je ressens encore
l'impression laissée par la mémoire de ces congés passés loin
des miens. Le retour des longues et chaudes journées d'été
ramène invariablement le souvenir obsesseur et mélancolique
de ces pleins congés où, en vertu d'un règlement bizarre, on 5
nous lâchait pendant toute la sainte journée—livrés à nous-
mêmes, que nous eussions ou non des amis chez qui aller. Ces
baignades dans la New-River, dont L. a conservé un si délicieux souvenir, je me les rappelle sans doute encore mieux
qu'il ne peut le faire, car lui était un garçon casanier, montrant 10
peu de goût pour ces passe-temps aquatiques. Avec quelle
joie nous nous échappions dans les champs ! Nous nous dés-
habillions sous la première chaleur du soleil, pour nous ébattre
dans le courant comme de jeunes ablettes, et quelle faim de
loup nous avions vers midi ! Ceux d'entre nous qui n'avaient 15
pas le sou ne pouvaient se rassasier—la maigre croûte emportée
le matin était avalée depuis longtemps—tandis que, tout autour
de nous, les bestiaux, les oiseaux, les poissons se régalaient,
nous n'avions pas de quoi assouvir notre fringale, aiguisée encore davantage par le beau temps, l'exercice au grand air et le 20

sentiment de notre liberté! Enfin, à la nuit tombante, avec
quelle lassitude, quelle langueur, nous nous dirigions vers le
repas attendu—moitié heureux, moitié fâchés que ces heures
de liberté gênante eussent pris fin.   H. E. B.

   4. **obsesseur.** Cp. Rostand, *Cyrano*, IV, iii : Ces vieux airs du
pays, au doux rythme *obsesseur*.

   19. **fringale.** Cp. J. Richepin, *La Mer*, p. 224 :
           L'Océan leur dit : c'est ici
           Que va finir votre *fringale*.
           Mangez, buvez, chantez aussi !
           Soyez gais ! c'est moi qui régale.

CIX. LES CHEFS DE LA RÉFORMATION.

   En Allemagne, en France, en Suisse et en Écosse, la lutte
contre la puissance du pape était essentiellement une lutte
religieuse. Il est vrai que dans tous ces pays la cause de la
5 Réformation, comme toute autre grande cause, s'attirait de
nombreux partisans que ne poussait aucun motif de conscience. Beaucoup quittaient l'Église Établie simplement parce
qu'ils la croyaient en danger ; d'autres parce qu'ils étaient las
de sa discipline; d'autres enfin pour s'enrichir de ses dépouilles.
10 Mais ce ne furent pas ces adhérents-là qui dirigèrent la sépara-
tion. Comme auxiliaires ils étaient les bienvenus; on achetait
trop souvent leur appui par des complaisances coupables ;
mais, si haut que fût leur rang, si grand que fût leur pouvoir, ils
n'étaient point les chefs de l'entreprise. Les véritables meneurs
15 étaient des hommes d'un type tout différent, rachetant de
grandes faiblesses et de grandes erreurs par leur sincérité, leur
désintéressement, leur énergie et leur courage; unissant à beaucoup des vices caractéristiques des chefs révolutionnaires et des
théologiens polémistes quelques-unes des plus hautes qualités
20 de l'apôtre. Ils étaient violents, peut-être, dans leurs innovations
et grossiers dans leurs controverses…. Mais ils ne connaissaient
ni crainte, ni hypocrisie, ni cupidité, ni égoïsme mesquin.

   Occasional slight changes in construction will improve consider-
ably upon the literal rendering.

   2. **du pape.** The adjective *papal* would be rather pedantic
here ; it is generally confined to certain stock expressions, such as *les
terres papales*.

était. This is an instance of the very frequent case where either the Imperfect (Past Continuous) or the Past Historic is correct, according to one's conception of the circumstances. If 'was' connotes merely an historical event and may be taken as approximately synonymous with 'became,' then the Past Historic is the proper tense; if 'was' is essentially descriptive and = 'avait un caractère,' then the Imperfect is required. The latter interpretation seems to fit the context better.

3. **Il est vrai** : the customary equivalent of 'indeed' in its concessive use.

la Réformation : var. *la Réforme.* The distinction between the two words is obscure. Littré says that originally *La Réformation* was the general term applied to the religious revolution of the 16th century, while *La Réforme* denoted more particularly the work of Zwingle and Calvin, but that now the terms are used indifferently. We note, however, that Protestant historians seem to prefer *La Réformation.*   9. **furent.** See 'Man.' p. 41, § 6.

10. **achetait** : var. *s'assurait,* if 'purchased' should not be taken literally.

11. **coupables** : var. *indignes.*

12. **si haut que fût** &c.: *si* is neater than *quelque,* especially when repetition is desirable as here.

17. **des chefs** &c. It is difficult to avoid the repetition of *chefs,* already used in l. 13 : 'leaders' and 'chiefs' furnish a good example of the bilingual nature of English. This is the natural French for the English generic plural; 'revolutionary chiefs,' if it were the subject of the sentence, would be '*Les* chefs révolutionnaires' (rather than *Des*); when it is used as a genitive, as here, we have *de + les, i.e. des.* But *de* is also possible.

18. **polémistes** : *polémique* is also found in the same sense, *e.g. des écrivains polémiques.*

CXII. La Mort d'un Héros.

Sur la droite restait encore un canon servi par quatre hommes qui avaient refusé de l'abandonner. La vie de ces quatre-là semblait protégée par un charme comme ils luttaient de toutes leurs forces avec leur bien-aimée pièce de quinze, parmi le sable qui jaillissait et les flocons bleus des obus qui éclataient. 5 Enfin l'un d'eux tomba avec un hoquet contre l'affût, et son camarade s'affaissa à côté de la roue, le menton sur la poitrine. Le troisième jeta ses mains en l'air et s'abattit visage contre

terre; tandis que le quatrième, figure farouche et noircie par
10 la poudre, se tint au garde à vous, regardant la mort en face,
jusqu'à ce que lui aussi fût abattu. Sacrifice inutile, direz-vous;
mais tant que les hommes qui les ont vus mourir pourront
raconter une telle histoire autour du feu de bivouac, l'exemple
de pareilles morts fera plus que sonnerie de clairon ou roule-
15 ment de tambour pour remuer l'âme guerrière de notre race.

Parallel Passages: I. P. et V. Margueritte, *Le Désastre*, p. 161.
II. Zola, *La Débâcle*, pp. 309–15.

1. Sur la droite: var. *à droite*.

un canon: the words must be so arranged as to bring out the
full force of the English 'one.'

2. ces quatre-là: cp. ii, p. 314: Lui, malgré ses galons, dut se
mettre à la manœuvre, car il ne restait que *trois servants*.

3. comme ils luttaient &c.: var. *comme ils se démenaient autour
de* etc.: *comme ils s'acharnaient à la manœuvre de*.

4. bien-aimée: cp. ii, p. 310: la pièce, la bête *aimée*.

pièce de quinze: the nearest contemporary French equivalent
would be *leur soixante-quinze bien-aimé*, the calibre of both guns being
approximately the same. But this is exclusively a *French* gun and
was not in existence at the time of the Boer War.

6. un hoquet: it seems impossible to find an exact equivalent
for 'gasp,' as used here. French writers as a rule employ *le râle*: but
cp. ii, p. 376: puis, il eut un petit *hoquet*, il s'en alla (= il expira).

l'affût: var. *la flèche*: cp. ii, p. 313: Il tomba en travers de *la
flèche* qu'il était en train de soulever.

8. jeta: the common expression *lever les mains au ciel* is much
too weak for the context.

visage &c.: cp. ii, p. 296: il tomba *la face contre terre*.

9. le quatrième: var. *le survivant*.

noircie: cp. ii, 222: déjà *noir de poudre*; p. 292: les voyants
noirs de poudre.

10. au garde à vous: cp. *L'Illustration*, 27 Avril 1912: Devant ce
dernier, raide *au garde à vous*, un officier de dragons va recevoir la croix
des mains de Napoléon. The jingle *garde…regardant* seems inevitable.

en face: cp. ii, 296: comme s'il avait voulu bien voir *la mort en face*.

CXIV.

Il nous a toujours paru étrange que, tandis que l'histoire
de l'empire espagnol d'Amérique est bien connue de toutes les
nations d'Europe, les actions d'éclat de nos compatriotes en

Orient n'excitent, même chez nous, que peu d'intérêt. Tous les
écoliers savent qui a emprisonné Montezuma et qui a étranglé 5
Atahualpa. Mais nous doutons qu'un sur dix, même parmi les
Anglais d'une haute culture, puisse dire qui a gagné la bataille
de Buxar, ou si Holkar était Hindou ou Musulman. On aurait
pu s'attendre à ce que tout Anglais qui s'intéresse tant soit peu
à quelque partie de l'histoire fût curieux de savoir comment 10
une poignée de ses compatriotes, séparés de leur patrie par un
océan immense, subjugua, dans l'espace de quelques années,
l'un des plus grands empires du monde. Pourtant, si nous ne
nous trompons beaucoup, ce sujet est, pour la plupart des lec-
teurs, non seulement fade, mais véritablement déplaisant.   15

1. Var. *Nous avons toujours trouvé étrange.*

2. **d'Amérique.** It is difficult to formulate a rule governing the
use of *de* and *du* (de la); cp. l'empereur *d'*Autriche)(l'empereur *du*
Japon. But when the phrase is clearly adjectival, *e.g.* here = 'Ameri-
can' and, in the next line, = 'European,' the Definite Article is generally omitted.

3. **les actions d'éclat** : var. *les actions illustres*, "*acte*" usually
denotes an isolated act, complete in itself, *e.g. un acte d'héroisme (de
foi)*; "*exploits*" is often ironical, like "*faits et gestes.*"

4. **Tous les écoliers** : more natural· than "*chaque écolier*,"
which unduly stresses the notion of the individual.

5. **a emprisonné** : the tense is appropriate because to Macaulay
the facts described are recent; to a less vivid historian the Past
Historic would come more naturally, as suggesting facts seen from
further away.

6. **les Anglais d'une haute culture.** The word 'gentlemen,'
with its connotation of lettered ease, is sufficiently suggested in the
qualifying phrase. Since *gentleman* is now admitted by the French
Academy (1920), it may be used less cautiously than heretofore.

11. **poignée de ses compatriotes, séparés.** Either singular or
plural may be justified, the singular suggesting an organised unit, the
plural, scattered efforts.

12. **dans l'espace de** : var. *en.*

14. **beaucoup** : var. *bien* ; "*sauf erreur de notre part*," though a
good Academic phrase, is rather weak here.

15. **fade** : var. *dépourvu d'intérêt.*
véritablement : var. *même* ; *réellement* ; *positivement.*
déplaisant : "*rébarbatif*" is rather = 'repellent' ; "*dégoûtant*"
is much too strong.

CXVI. Après la Guerre.

Après une absence de plus de six ans, Frédéric fit dans Berlin son entrée triomphale. Les rues étaient brillamment illuminées ; et, comme il passait en voiture découverte, il fut salué par les louanges et les bénédictions d'une foule enthou-
5 siaste. Pourtant, même au milieu de ce spectacle joyeux, il ne pouvait pas ne pas apercevoir partout des traces de destruction et de ruine. L'anéantissement des fortunes privées, la détresse visible dans toutes les classes de la société, pouvait bien jeter l'épouvante dans l'âme la plus fortement trempée.
10   Presque chaque province avait été le théâtre d'une guerre conduite avec une férocité impitoyable. Les seules contributions levées par les envahisseurs montaient, disait-on, à plus de cent millions de dollars ; et la valeur de ce qu'ils avaient extorqué était probablement bien au-dessous de la valeur de
15 ce qu'ils avaient détruit. Les champs restaient sans culture. Jusqu'aux semences avaient été dévorées dans la fureur de la faim. La famine avait balayé tous les troupeaux, gros et menu bétail ; et on avait lieu de craindre pour le genre humain qu'une grande peste ne vînt se mêler au cortège de maux qui
20 devait suivre cette terrible guerre.

1. To retain the order of the English sentence would make somewhat inelegant French, but of course to change it, however slightly, alters the emphasis laid on certain words. The usual position of an expression of time is in French at the beginning of the sentence.

3. **illuminées.** Students are apt to use "*éclairées*," which denotes normal lighting, as opposed to exceptional illumination of the streets for festive celebrations. Thus Les rues de cette ville sont *éclairées au gaz*.

il fut salué. A useful phrase is *saluaient son passage*, but it is precluded here because of the use of *passer* immediately before.

6. **des traces de destruction** &c. It is possible to say *les* traces *de la* destruction et *de la* ruine, but the rendering preferred seems more natural French, though the distinction is certainly a delicate one and difficult to define

8. **pouvait bien jeter** : var. *ne pouvait manquer de jeter*, which

is not so neat, and *ne pouvait pas ne pas* (see No. CXLIV, l. 1), which has been used already (l. 6).

11. **impitoyable**: var. *sans merci*; *implacable*.

13. **avaient extorqué.** French requires more definite statement of the relation in time between the events described.

16. **Jusqu'aux semences** &c. An example of the use of *jusqu'aux* = 'the very' will be found in 'Man.' p. 265, line 19.

semences. There seems to be no more specific term in French for 'seed-corn,' *i.e.* the part of the crop reserved for sowing again.

la fureur: var. *l'égarement*.

18. **menu**: more usual perhaps than *petit* in this phrase.

19. **peste**: *pestilence* (f.) is in much less common use.

CXVIII. LE GOUVERNEMENT DES COLONIES.

La dernière cause de cet esprit d'insubordination dans les colonies n'est guère moins puissante que les autres, car elle n'est pas seulement morale mais profondément enracinée dans l'ordre naturel des choses. Mille lieues d'Océan vous en séparent. Aucune combinaison ne peut empêcher l'affaiblissement 5 d'autorité qui résulte de cette distance. Entre un ordre et son exécution, des mers déroulent leurs flots, des mois s'écoulent et le manque de promptes explications sur un seul point suffit pour compromettre un système entier. Au service de votre vengeance, vous avez, il est vrai, des messagers ailés qui, 10 dans leurs serres, portent vos foudres jusqu'aux bords les plus reculés de l'Océan. Mais ici intervient un pouvoir qui met un frein à l'arrogance des passions déchaînées et des éléments en furie et qui vous dit: "Jusque-là,—mais pas plus loin!" Qui donc êtes-vous pour faire rage et vous agiter ainsi et mordre 15 les chaînes imposées par la nature? Il ne vous arrive rien de pire qu'à toutes les nations qui possèdent de vastes colonies; et ces difficultés se rencontrent dans toutes les formes qu'un empire peut prendre. Dans les grands corps la vie circule moins vigoureusement aux extrémités. C'est la Nature qui l'a 20 voulu ainsi. H. E. B.

12. **met un frein.** Cp. Racine, *Athalie*, I, i: Celui qui *met un frein* à la fureur des flots.

14. The Biblical phrase is: Tu viendras jusque-là et tu ne passeras pas plus loin!

CXXIV. Hetty.

Il y a des plantes qui n'ont presque pas de racines : on peut les arracher de la fente de rocher ou de muraille où elles ont poussé et les poser sur la jardinière qui orne le salon, elles n'en fleurissent pas moins bien. Hetty aurait pu rejeter der-
5 rière elle toute sa vie passée et désirer qu'on ne la lui rappelât jamais. Je pense qu'elle n'éprouvait aucune affection pour la vieille maison, et qu'elle n'aimait pas plus que d'autres fleurs le polémonie bleu et la longue rangée de roses trémières du jardin—peut-être même les aimait-elle moins. C'était éton-
10 nant comme elle paraissait se soucier peu de servir son oncle, qui avait été pour elle un bon père : à peine pensait-elle à lui passer sa pipe au bon moment sans qu'il le lui dît, à moins qu'un visiteur ne se trouvât là qui aurait l'occasion de la voir mieux comme elle passerait devant l'âtre. Hetty ne comprenait
15 pas qu'on pût chérir des personnes d'un certain âge. Et quant à ces enfants ennuyeux, Marty et Tommy et Totty, ils avaient été le tourment de sa vie—aussi importuns que les insectes bourdonnants qui vous agacent par une chaude journée alors qu'on aimerait être tranquille.

1. **presque** : var. *pour ainsi dire.*
3. **les poser** : var. *ne faire que les poser*, but this would exaggerate the importance of 'just,' which in such circumstances scarcely requires to be translated.
5. Var. *et ne jamais se soucier qu'on la lui rappelât.*
10. **servir** &c. : var. *peu soucieuse de soigner son oncle, qui lui avait servi de père.*
12. **au bon moment** : var. *en temps voulu*, a little more 'literary.'
19. **on aimerait** : var. *vous aimeriez.*

CXXV. Un Prédicateur dissident.

Mon père, heureusement, n'était pas un homme qui se préoccupât de sa nourriture. Il ne faisait aucune attention à ce qu'il mangeait, pourvu que cela suffît à sa faim ; il absorbait son ragoût de porc, de navets et de pain, après avoir dit le
5 bénédicité, comme si c'était le meilleur plat du monde ; et un morceau de lard froid avec du chou servi chaud était pour lui un régal. Le cidre qu'il buvait était fait par ma mère avec ses

propres pommes, et lui paraissait aussi bon que si c'eût été du Xérès ou du vin du Rhin. Je dirai qu'il ne savait même pas comment on se procurait sa nourriture; son esprit était toujours 10 occupé de sujets si élevés qu'il ne savait pas ce qui se faisait sous ses yeux mêmes. La main de Dieu, disait-il, nourrit toujours ses fidèles. Et sans doute nous ne pouvons nous reporter à ces années sans convenir que c'est bien ainsi que nous fûmes nourris. Mais ma mère en fut l'*instrument*; bien plus, mon 15 père se comparait même parfois avec satisfaction au prophète Élie, que les corbeaux nourrirent près du ravin Cherith, lui apportant de la viande et du pain le matin et de la viande et du pain le soir. Je suppose que mon père croyait que son lard et ses haricots lui parvenaient de la même manière. 20

4. **avoir dit le bénédicité**: var. *avoir rendu grâces*; cp. Mérimée, *Chronique de Charles IX*, p. 297: Allons, mes pères, dépêchez bien vite votre *bénédicité*, et ensuite vous me direz si mon omelette est bonne. Que le plus vieux dise *le bénédicité*, et le plus jeune dira *les grâces*.

9. **Je dirai** &c. French would say more naturally: *Je dirai même qu'il ne savait pas*, although the phrase would not quite render the English here.

CXXVII. MARIE STUART.

Elle était gaie, témoin le jour où elle reçut Randolph sans plus de cérémonie que n'eût fait la femme d'un bourgeois, dans cette petite maison de St Andrews, tout près de la cathédrale profanée. Elle avait ses moments de gaieté folle, au bal ou lorsqu'elle se promenait à minuit par les rues noires d'Édimbourg, 5 masquée, vêtue en homme, ou lorsque, "déguisée en femme d'humble condition," comme le disaient ses ennemis, elle errait autour de la Croix du Marché à Stirling. En mer, elle aimait à "manier les cordages rebelles," comme Buchanan le raconte. Soit qu'elle poursuivît Moray, son frère, par un jour de tempête, 10 ou traquât de près Huntly, déjà voué à la mort, parmi les montagnes et les marécages du Nord, ou traversât au galop jusqu'à Hermitage les landes couvertes des fougères rousses d'octobre et les collines infestées de brigands, son énergie épuisait les guerriers d'élite qui la suivaient. A d'autres moments, en proie à une 15 langueur ensorcelante, elle restait longtemps au lit et recevait

sa cour à la française, entourée de ses quatre Maries, dont les
quatre noms sont quatre douces symphonies, Mary Seton et
Mary Beaton, Mary Fleming et Mary Livingstone. A la séance
20 du Conseil elle apportait son ouvrage de femme, broderie de
soie et d'or. La légende veut qu'en temps de guerre elle ait
porté des pistolets à son arçon et qu'elle se soit distinguée aux
concours de tir à l'arc et de paille-maille. Ses atours, quand il
lui plaisait de se montrer en reine, sont restés légendaires dans
25 la mémoire des hommes.

> 1. **témoin le jour où elle** : var. *comme au jour qu'elle.*
>
> **reçut.** The word 'met' is used in a loose sense = 'made the acquaintance of,' in this case not accidentally, but 'by command'; to translate by *rencontra* would be to make the meeting more casual than the English justifies.
>
> 2. **cerémonie** : var. *apparat.*
>
> **la femme d'un bourgeois** : " *une bourgeoise* " will not do.
>
> 3. **cette** : 'the,' when = 'the well-known,' is often *ce.*
>
> 9. **rebelles.** It is difficult to say what is the precise sense of 'boisterous,' which means 'rough,' 'coarse,' 'stiff,' 'cumbrous,' etc. according to the Dictionary. Some of the rigging might be fluttering in the breeze (ballotté par le vent), but scarcely a 'cable,' if taken as = *une haussière* (f.), although it might *vibrate* considerably. Accepting *cordages*, we might think of *vibrants*, but that generally suggests sound, the shrill sound of the wind whistling through the rigging, which cannot be the sense intended ; var. *rudes.*
>
> 10. **tempête** : not " *orage* " = a ' *thunder*storm.'
>
> 12. **marécages** : var. *fondrières* (f.) = ' bogs.'
>
> 14. Cp. Chateaubriand, *Les Martyrs*, I, V, 129 : des montagnes noires couvertes de nuages et toujours *infestées de brigands.*
>
> 18. **quatre.** The iteration might be avoided by using *autant de* for the second *quatre.*
>
> 23. **concours** : possibly only *parties* (f.).

CXXX. Scott a Édimbourg.

Plus d'une fois, même pendant le premier été de notre intimité, j'eus le plaisir de l'accompagner dans ces promenades du soir ; et jamais il ne me semblait plus pleinement heureux que lorsqu'il contemplait paisiblement à de tels moments, au
5 coucher du soleil ou au clair de la lune, les contours massifs de

'sa bonne ville romantique' ou la calme étendue du superbe estuaire. Il prenait aussi grand plaisir, quand l'occasion se présentait, à passer par les rues tortueuses et bizarres de l'ancienne cité, désertée aujourd'hui du beau monde, si ce n'est vers midi. Que de fois l'ai-je vu faire un long détour, plutôt que de manquer 10 l'occasion de s'arrêter pendant quelques instants sur la place d'armes déserte de Holyrood ou sous le rocher du Château à l'endroit où l'ombre est la plus épaisse, où il surplombe le Grassmarket et la dalle énorme qui marque encore l'emplacement du gibet de Porteous et des Covenanters. Son cocher le 15 connaissait trop bien pour passer à une allure de Jéhu au milieu de scènes semblables. Jamais char funèbre ne gravit plus lentement que ne le faisait son landau le Canongate ou le Cowgate; et il n'était point de pignon bizarre et branlant qui ne lui rappelât le souvenir, depuis longtemps enseveli, de quelque magnificence 20 ou de quelque massacre, que, en peu de mots, il faisait surgir devant son auditeur avec une réalité vivante. Son image est tellement associée dans mon esprit aux antiquités de sa ville natale que je ne peux plus les revisiter sans éprouver le sentiment que je marche sur sa tombe. 25

1. **intimité** : var. *amitié*; *"connaissance"* will hardly convey the required sense.

2. **j'eus** : var. *j'ai eu*, according as we assume the tone to be that of historical retrospect or of recent reminiscence.

promenades : var. *excursions*.

3. Var. *et jamais il ne paraissait avoir des moments de jouissance plus complète que lorsqu'il contemplait d'un air placide, à pareilles heures* etc.

5. **les contours massifs** : var. *la silhouette massive*.

6. **bonne** : merely to convey something of the sense of 'own,' *propre* being meaningless here ; *sa bonne ville* is what a King used to say of a loyal town.

romantique : cp. M. Barrès, *Au Service de l'Allemagne*, p. 52 : le château *romantique* par excellence.

du. The point is that, strictly speaking, a town cannot have an 'estuary.'

7. **quand l'occasion** &c. : var. *quand il le pouvait*; *quand cela lui était possible*.

8. **tortueuses** : cp. No. LXXXIX, l. 9.

9. du beau monde: var. *des gens qui se respectent*. 'The upper world' is apparently contrasted with 'the under world' inhabiting what are now slums, but were once the fashionable quarter.

10. Que de fois &c.: var. *Combien de fois ne l'ai-je pas vu* etc. **long**: as frequently; var. *grand*.

11. s'arrêter: var. *s'attarder*; *faire halte*.

13. il: var. *le roc*.

15. gibet: the erection on which the dead body is exposed after execution)(*la potence* 'the gallows.'

16. Jéhu. It may be doubted whether this allusion would be understood in France, where quotations from the Bible are not common and where the classical *Automédon* is more familiar than Jehu; but the English leaves us no choice.

17. char funèbre: var. *corbillard*.

20. Var. *quelque souvenir...soit de pompe soit de carnage*; "*effusion de sang*" is not strong enough, meaning only grievous bodily harm.

22. image: cp. Renan, *Souvenirs d'Enfance*, p. 135: vieux et chers maîtres, maintenant presque tous morts, dont l'*image* m'apparaît souvent dans mes rêves.

25. sa tombe. The 'gravestone,' under which both Scott and Lockhart lie buried, at Dryburgh Abbey, is a slab, level with the ground; *dalle funéraire* would therefore be correct; but the less precise word *tombe* is the more appropriate.

CXXXIII. Warren Hastings.

Avec tous ses défauts,—et ils n'étaient ni rares ni légers—un seul cimetière était digne de recueillir ses restes. Dans ce temple de silence et de réconciliation où sont ensevelies les inimitiés de vingt générations, dans la grande Abbaye qui depuis des
5 siècles assure un lieu de calme repos à ceux dont les esprits et les corps ont été brisés par les luttes de la Grande Salle, la poussière de l'illustre accusé aurait dû se mêler à la poussière des illustres accusateurs. Cela ne devait pas être. Cependant le lieu de sépulture ne fut pas mal choisi. Derrière le chœur de
10 l'église paroissiale de Daylesford, dans la terre qui renfermait déjà les ossements de plusieurs chefs de la maison de Hastings, fut déposé le cercueil du plus grand homme qui ait jamais porté ce nom ancien et très répandu. C'est probablement à ce même endroit que, quatre-vingts ans auparavant, le petit Warren,
15 pauvrement vêtu et mal nourri, avait joué avec les enfants des

laboureurs. Même alors il avait roulé dans son jeune esprit des projets qu'on pourrait appeler romanesques. Cependant, quelque romanesques qu'ils fussent, ils n'étaient vraisemblablement pas aussi étranges que la vérité. Le pauvre orphelin n'avait pas seulement réparé la fortune dilapidée de sa lignée. 20 Il n'avait pas seulement racheté les anciennes terres et rebâti la vieille demeure. Il avait sauvé et agrandi un empire. Il avait fondé un régime politique. Il avait administré le gouvernement et la guerre avec une habileté supérieure à celle d'un Richelieu. Il avait protégé la science avec la libéralité judicieuse d'un 25 Cosmo. Il avait été attaqué par la plus formidable coalition d'ennemis qui ait jamais cherché à perdre une seule victime ; et après une lutte de dix ans il en avait triomphé. Enfin il était descendu au tombeau en pleine vieillesse, en paix après tant de vicissitudes, avec honneur après tant de calomnies. 30

2. **ses restes** : var. *sa dépouille.*

5. **assure** : var. *réserve.*

6. **la poussière** : var. *les cendres,* also singular, *e.g.* Lamartine, *Confidences,* p. 161 : Il me semblait qu'ils [Virgile et le Tasse] avaient vécu hier et que *leur cendre* était encore tiède ; Heredia, *Ronsard* : Vos beaux corps ne seraient qu'*une* insensible *cendre.*

10. **l'église paroissiale** : *la paroisse,* which is the common designation of 'the parish church' as well as of 'the parish,' would not be very clear in this context.

13. Var. *aussi ancien que répandu.*

16. **avait roulé** &c. : var. *avait retourné dans son jeune cerveau.*

17. **appeler** : var. *qualifier de.*

19. **vérité** : var. *réalité.*

20. **la fortune dilapidée.** The allusion to 'the fallen fortunes' is accounted for by the poverty into which the Hastings family had fallen, so that the phrase is to be taken literally.

22. **la vieille demeure** : var. *le vieux manoir.*

23. **fondé** : var. *inauguré.*

un régime politique : var. *une politique,* which, meaning both 'a polity' and 'a policy' would be ambiguous here.

25. **protégé la science.** It is difficult to render all the associations of 'patronised learning'; "*encouragé l'instruction*" (*les lettres, les belles-lettres,* etc.) is no better. The allusion is no doubt partly to Warren Hastings' interest in the University of Oxford, *e.g.* his efforts

to further the study of Persian. The word *science* = both 'learning' and 'knowledge,' is the most comprehensive term.

26. coalition : var. *cabale* (f.) ; *ligue* (f.).

27. cherché &c. : var. *travaillé à la perte d'une seule victime.*

CXXXIX. M. Caudle a prêté le Parapluie de Famille.

Je voudrais bien savoir comment les enfants pourront aller à l'école demain. Je ne les y enverrai pas par un temps pareil, j'y suis décidée. Non : ils resteront à la maison et n'apprendront rien—les pauvres chéris !—plutôt que d'aller se faire mouiller.
5 Et quand ils seront grands, je me demande qui ils auront à remercier de n'avoir rien appris,—qui en vérité, sinon leur père? Les gens qui n'ont pas d'entrailles pour leurs propres enfants n'auraient jamais dû être pères.

Mais je sais pourquoi vous avez prêté le parapluie. Oh,
10 oui ; je le sais très bien. Je devais aller prendre le thé chez maman demain,—vous le saviez ; et vous l'avez fait exprès. Ne discutez pas ; vous ne pouvez pas supporter que j'y aille, et vous profitez des plus vils prétextes pour m'en empêcher. Mais n'y comptez pas, Monsieur Caudle. Non, monsieur; pleu-
15 vrait-il des hallebardes, je ne ferais qu'y aller davantage. Non, je ne prendrai pas de fiacre. Où croyez-vous que j'irais chercher l'argent pour ça? Vous vous êtes fait de belles idées de grandeur à votre club! Un fiacre, par exemple! Il me coûterait au moins trente-sept sous—trente-sept sous—trois francs trente,
20 car il faudrait bien revenir! Des fiacres, par exemple! Je voudrais savoir qui va les payer. Ce n'est pas moi en tous cas, quant à vous, vous ne le pouvez pas non plus, au train dont vous y allez, vous qui gaspillez votre bien et qui ruinez vos enfants à acheter des parapluies.

L. E. K.

1. Je voudrais bien : var. *J'aimerais.*

4. chéris : var. *petits.*

5. Var. *à qui ils le devront de* etc.

7. entrailles. A common expression; cp. the epigram suggested by the erection, in 1763, of the equestrian statue of Louis XV in what is now called la Place de la Concorde :

Il est ici comme à Versailles,
Il est sans cœur et sans *entrailles.*

9. **vous** : indicating anger; otherwise 'tutoiement' would have been used.

22. Var. *et je suis sûre que vous ne pouvez pas, si vous vous conduisez de la sorte.*

CXLV. LES CONSEILS DU MAÎTRE D'ÉCOLE.

Allons, allons, mon garçon, si la fortune frappe à ta porte, ne t'avise pas de mettre le nez à la fenêtre pour l'envoyer promener. Tout est là. Dans la vie, comme dans les chiffres, il faut savoir s'accommoder du pair et de l'impair. Je te répète aujourd'hui ce que je t'ai dit, il y a dix ans, le jour où le jeune 5 Mike Holdsworth avait essayé de te coller une pièce fausse, et où tu lui as flanqué une tripotée avant de savoir si c'était pour rire ou pour de bon—tu es trop soupe-au-lait, tu fais trop d'embarras, tu es trop porté à prendre en grippe les gens dont la tête ne te revient pas. Que, moi, j'aie la main un peu leste 10 et l'échine un peu raide, passe encore ; je ne suis qu'un vieux maître d'école et ne chercherai jamais à grimper plus haut. Mais à quoi diable a servi le temps que j'ai passé à t'apprendre l'écriture, le tracé des cartes, l'arpentage, si tu ne dois pas faire ton chemin et montrer aux gens qu'il vaut mieux avoir une 15 tête qu'une courge sur les épaules ? Est-ce que tu prétends continuer à faire le dégoûté à chaque occasion qui s'offre, parce que tu y trouves une certaine odeur dont personne d'autre ne s'apercevrait ? C'est ridicule, tout comme cette autre idée que tu as, qu'il faut qu'un ouvrier prenne femme pour avoir ses 20 aises. Balivernes que tout cela ! Bon pour les nigauds qui n'ont jamais pu aller plus loin que la simple addition.

H. E. B.

1. Cp. Augier, *Pierre de Touche*, I, I : Si la fortune frappait à ta porte.

6. **coller** : school-boy slang for the normal *passer*.

7. **flanqué une tripotée** : var. *flanqué une pile* ; *rossé*.

8. **tu fais trop d'embarras** : var. *tu fais trop le pédant*.

10. Var. *Que je sois un peu vif* ; *Que j'aie la tête près du bonnet*.

17. **faire le dégoûté** : var. *faire la moue* ; *faire la petite bouche*.

20. **avoir ses aises** : var. *vivre à son aise* ; *vivre comme un coq en pâte*.

CXLVIII. Un Naufrage moderne.

"Elle était avec moi un instant auparavant," dit Agathe.
"Nous étions sur le pont. Elle est descendue chercher un manteau. Il faisait si froid dans le brouillard. J'avais laissé ses
effets dans la salle à manger. C'est ma faute.

5   — Ne dites pas cela, Agathe. C'est absurde.
    — Je ne l'ai plus jamais revue. Cela est arrivé tout à
coup. L'instant d'après, nous étions abordés. Je n'ai rien pu
voir. Il y a eu un choc, qui nous a fait donner fortement de
la bande, puis un sauve-qui-peut général. Je ne savais pas ce
10 qui était arrivé. J'ai essayé de descendre la retrouver, mais une
foule de touristes à moitié ivres sont survenus, affolés et se
bousculant pour gagner les canots. Je n'ai pas pu me frayer
un chemin jusqu'à la porte. L'un d'eux m'a lancé un coup de
poing et un juron. Le navire s'enfonçait. J'étais presque par-
15 venue à la porte quand une femme de service cria qu'il n'y
avait plus personne en bas, et puis une grande brute d'homme
me jette dans un canot. Je me cogne la tête. Revenue à moi,
j'ai senti distinctement que quelqu'un cherchait à m'ôter mes
bagues, et une sorte de gargouillement se faisait entendre là
20 où notre bateau avait sombré. Un des touristes se met à crier:
Oh là là : un naufrage, poupoule ! Tout le monde criait autour
de nous et il y avait un pauvre petit enfant qui pleurait. J'ai
saisi la main qui m'enlevait mes bagues." Ici elle se tut. Elle
avait dû subir quelque suprême humiliation. Elle reprit après
25 quelques instants : "Les matelots disaient que tout le monde
avait été sauvé. Je ne l'ai su que plus tard, quand nous avions
été débarqués, même plus tard encore. Il faisait un tel brouillard. Enfin je l'ai su...."

4. **effets** : var. *couvertures* ; *vêtements*.
salle à manger : var. *restaurant*.
8. **donner...de la bande** : var. *pencher terriblement* ; "*chavirer*"
is quite impossible here, meaning to 'turn turtle.'
10. **retrouver** : var. *chercher*.
11. **sont**. A certain amount of licence is allowed in regard to
Number, when the subject is Singular in grammar and Plural in sense.
12. **gagner les canots** : var. *parvenir aux bateaux*.
15. Var. *que tout le monde était monté*.

17. **jette.** The change to the vivid Present corresponds to the beginning of a new part in the narrative.

18. Var. *j'ai eu la sensation nette.*

24. **subir** : var. *essuyer ; avaler.*

CXLIX. LA FIN DE LA JOURNÉE.

Ils continuèrent tous à travailler en silence pendant quelques minutes ; l'horloge de l'église se mit à sonner six heures. Avant que le premier coup se fût éteint, Jim le Roux avait desserré son rabot et étendait la main vers sa veste, Ben le Nerveux avait laissé une vis à demi enfoncée et jeté son tour- 5 nevis dans sa boîte à outils ; Taft le Muet, qui, fidèle à son sobriquet, avait gardé le silence au cours de la conversation précédente, avait jeté bas son marteau au moment même où il le levait, et Seth aussi s'était redressé et se disposait à saisir son bonnet de papier. Adam seul était resté à son travail, 10 comme s'il ne s'était rien passé. Mais, s'apercevant que les outils ne marchaient plus, il leva les yeux et dit d'un ton indigné :—

"Écoutez un peu, vous autres ! Je n'admets pas qu'on jette ses outils comme ça au moment même où l'horloge commence 15 à sonner, comme si l'on n'avait pas le cœur à l'ouvrage et avait peur de donner un coup de trop."

Seth eut l'air penaud et se fit plus lent dans ses préparatifs de départ, mais Taft le Muet rompit le silence et dit : "Bon, bon ! Adam, mon garçon, tu parles comme un jeune homme. 20 Quand tu auras comme moi quarante-six ans au lieu de vingt-six, tu n'auras plus si envie de travailler pour rien."

— C'est absurde ! dit Adam, toujours irrité ; qu'est-ce que l'âge peut y faire ? je me le demande ! Tu n'es pas encore raide dans les entournures, je suppose. Je suis hors de moi 25 quand je vois tomber les bras d'un homme comme s'il était frappé d'une balle, avant même que l'horloge ait fini de sonner, comme s'il n'avait pas la moindre fierté, le moindre plaisir dans son travail. La meule elle-même tourne encore un moment après qu'on a lâché la manivelle ! 30

1. Var. *Depuis quelques instants tous les ouvriers travaillaient en silence, quand six heures sonnèrent à l'horloge de l'église.*

3. se fût éteint: cp. Lamartine, *Confidences*, p. 157 : Le soir, quand les dernières lueurs du soleil *s'éteignaient* et que les cloches des monastères sonnaient l'*Ave Maria*, le seul délassement de la famille était de psalmodier les litanies, jusqu'à ce que les voix *s'éteignissent* dans un vague et monotone murmure ; var. *eût cessé de vibrer*.

Jim le Roux. It is best to translate partially the Proper Names here, because they explain the characters, *e.g. Mum* Taft.

5. à demi enfoncée: var. *à moitié serrée*.

6. sa boîte à outils: var. *son* sac *à outils*, more common in France.

9. se disposait à saisir : var. *tendait la main vers*.

10. son bonnet de papier: cp. V. Hugo, *Les Misérables*, I, 198 : quelques-uns, apprentis imprimeurs, avaient des *bonnets de papier*.

11. Var. *comme si de rien n'était*, which, though a tempting idiom, is not quite the exact equivalent of the English.

12. leva les yeux: var. *releva la tête*.

16. n'avait pas le cœur à l'ouvrage : cp. Lamartine, *o.c.* p. 224 : On voyait que Graziella *n'avait point le cœur à* ce qu'elle faisait en s'occupant dans le jardin ou sur le toit.

19. rompit le silence. This translates not 'broke silence,' but 'broke *the* silence.' The meaning would be given better by *rompit* son *silence*, which is, however, rather odd.

24. Tu n'es pas &c. : var. *Tu n'as pas encore les muscles anky-losés, j'imagine.*

28. Var. *tout comme s'il n'avait pas un brin d'amour-propre ni de plaisir à l'ouvrage.*

CL. LA RÉTICENCE DES GRANDS AUTEURS.

Nous sommes tout prêts à dire d'un livre : "Comme ceci est bien ! c'est exactement ce que je pensais !" Mais le sentiment juste est : "Comme cela est étrange ! je n'avais jamais pensé à cela avant ce jour et pourtant je vois que c'est vrai ; ou,
5 si je ne le vois pas maintenant, j'espère le voir un jour." Mais que vous y apportiez ou non cette soumission, du moins soyez sûr que vous allez à l'auteur pour atteindre à sa pensée, non pour y retrouver la vôtre. Jugez-la ensuite si vous vous croyez qualifié pour cela, mais assurez-vous-en tout d'abord. Et soyez sûr,
10 aussi, si l'auteur a quelque valeur, que vous n'atteindrez pas à sa pensée du premier coup,—bien plus, qu'à sa pensée entière vous n'arriverez avant longtemps d'aucune façon. Non qu'il ne dise pas ce qu'il veut dire, et même en paroles fortes aussi ; mais

parce qu'il ne peut pas le dire entièrement ; et, ce qui est plus
étrange, ne *veut* le dire que d'une façon cachée et par paraboles, 15
afin d'être sûr que vous le désirez.   Je ne puis tout à fait en
voir la raison, ni analyser cette réticence cruelle de l'âme des
sages qui leur fait toujours voiler leurs pensées les plus profondes.   Ils ne les donnent point comme aide, mais comme
récompense, et ils voudront s'assurer que vous les méritez avant 20
de vous permettre d'y atteindre.

1. **tout prêts** : var. *très portés.*
2. **bien** : var. *bon.*
3. **est** : var. *est celui-ci.*
4. **avant ce jour** : var. *auparavant.*
6. **que vous y apportiez** &c. : var. *soit que vous soyez ainsi
soumis ou non ; soit ainsi avec soumission ou non.*

soyez sûr &c. The meaning appears to be as rendered, because of the sense of 'Be sure' in the next sentence. The other and
more usual sense would be rendered : *prenez bien garde d'approcher
(d'aborder) un auteur.*

7. **atteindre à** : var. *pénétrer jusqu'à* ; *saisir.*
9. **pour cela** : var. *pour le faire.*
11. Var. *que même, de longtemps, vous n'arriverez en aucune
façon à saisir intégralement ce qu'il pense ; que vous ne comprendrez
en aucune façon, et pendant longtemps, sa pensée entière.*
13. **en paroles fortes** : var. *en termes forts* ; *avec force.*
19. **comme aide** &c. : var. *en guise d'aide, mais de récompense.*
21. **d'y atteindre** : var. *d'y toucher* ; *de vous en emparer.*

CLII. POPE.

La Muse de Pope ne s'aventurait jamais impunément dehors
que pour aller de sa bibliothèque à sa grotte ou pour rentrer
de sa grotte dans sa bibliothèque.   Son esprit s'attardait plus
volontiers à contempler son jardin à lui que le jardin d'Éden.
Il savait mieux décrire le grand miroir sans tache qui reflétait 5
sa personne de la tête aux pieds que la surface unie du lac qui
reflète l'image du ciel—un morceau de cristal taillé ou une paire
de boucles en stras avec plus d'éclat et d'effet que mille gouttes
de rosée étincelant au soleil.   Il trouvait plus de charme dans
une lampe à système breveté que dans "le pâle reflet du front 10
de Diane" qui inonde les cieux de sa clarté douce et calme,

filtre en tremblotant à travers la fenêtre de la chaumière et réjouit le vigilant marin sur les flots solitaires. Bref, il est le poète de la personnalité et de la vie polie.

1. **s'aventurait.** It is not easy to use *errer*, because there is the notion of sauntering to and fro between two definite places, the library and the grotto. *Errer dans le jardin* is a logical phrase because there is no idea of definite direction, but here, if *errer* is used, it must be supplemented in some such fashion as : *n'errait* (= wandered *about*) *guère en sûreté que lorsqu'elle allait* etc.

2—3. At first sight the repetition of *bibliothèque* and *grotte* seems awkward, but we find the same sort of thing in *e.g.* Anatole France, *Livre de mon Ami* : ces courses du matin et du soir, de la maison au collège et du collège à la maison. The use of *sa* in the first sentence is inevitably ambiguous, since grammatically it might mean 'his' or 'her.' In the second sentence clearness seems attainable only by expanding '*Son*' to *e.g. de ce poète.*

5. **miroir** : var. *psyché* (f.).

sans tache : var. *sans défaut.*

7. **image** : cp. les Goncourt, *En* 18** ('F. P.' p. 256) : *l'image du ciel qui se regarde dans la rivière* ; var. *la face*, as in V. Hugo, *Tristesse d'Olympio* :

> Admirant tour à tour le ciel, *face* divine,
> Le lac, divin miroir,

but before using *face* we should require to change sur*face* into *e.g. nappe* (f.).

8. **stras** (also written *strass*). For a similar effect cp. J. Richepin, *Madame André* : Ce joaillier qui sertissait des diamants, ne polit déjà plus que du *strass*.

9. **trouvait** : 'would' is here clearly the sign of the Imperfect (Past Continuous) ; var. *Une lampe...lui donnait une joie plus vive*, or *lui plaisait plus.*

10. **le pâle reflet** : The quotation is from *Romeo and Juliet*, III, 5 :

> I'll say yon gray is not the morning's eye,
> 'Tis but the pale reflex of Cynthia's brow.

11. **Diane** : cp. Alfred de Musset, *Il ne faut jurer de rien*, II, 4 : L'Océan qui se soulève sous les *pâles* baisers de *Diane*.

clarté is better than the general term *lumière* ; cp. Corneille, *Le Cid* : cette obscure *clarté* qui tombe des étoiles ; and A. Theuriet, *Sauvageonne* : sous cette amicale *clarté* de la lune ; also the common expression : au *clair* de la lune.

12. filtre: see 'Man.' p. 37.

tremblotant: cp. Rollinat, *La Lune*:

> Son rayon blême et vaporeux
> *Tremblote* au fond des chemins creux.

13. vigilant: *qui veille* might be worked in if the words were rearranged: cp. P. Loti, *Ramuntcho*: comme il arrive pour l'âme des gens de mer *veillant* sur la marche nocturne des navires.

il est. The tense requires care. Two examples will illustrate the difference between the Present and the Past Historic used in a similar context. Taine, speaking of Pope (*Histoire de la Littérature anglaise*, IV, 187), says: J'ai beau me répéter qu'en son temps *il fut* le prince des poètes, while J. Lemaître says of Lamartine (*Les Contemporains*, VI, 166): *Il est* le poète de l'amour; *i.e.* the first fact is stated as having been true in the past, the second as being a permanent truth.

CLIII. LES DIFFICULTES DES POÈTES MODERNES.

L'écrivain qui, dans une société instruite et littéraire, aspire à être grand poète, doit d'abord redevenir petit enfant. Il lui faut défaire entièrement la toile de son esprit. Il lui faut désapprendre une bonne partie de ces connaissances où jusqu'alors résidait peut-être son titre principal à quelque supériorité. 5. Ses talents mêmes seront pour lui une entrave. Les obstacles qu'il rencontrera sur sa route seront d'autant plus grands qu'il aura mieux réussi dans les exercices qui ont la faveur de ses contemporains; et son succès sera généralement en proportion de la vigueur et de l'activité de son intelligence. Il devra, donc, 10 s'estimer heureux si, après tous ses sacrifices et tous ses efforts, ses œuvres ne font pas penser à un homme qui bégaie ou à une ruine moderne. Nous avons vu de nos jours un grand talent, un labeur intense, de longues méditations, employés à lutter ainsi contre l'esprit du siècle,—employés, je ne dirai pas 15 en pure perte, mais pour n'obtenir en fin de compte qu'un succès incertain et que de bien faibles applaudissements.

de V. P.-P.

1. L'écrivain: var. *Celui*, scarcely definite enough here.

aspire à: not "*prétendre à*," which means to 'lay claim to,' and generally governs a noun, *e.g. prétendre à* l'immortalité, nor "*prétendre*," which, when used without a preposition, means either to 'assert' or to 'intend,' *e.g.* Il *prétend* m'avoir vu = 'He *asserts* he saw me'; Je *prétends* le faire demain = 'I *intend* to do so to-morrow.'

3. **défaire...la toile**: "*démonter*" is said of mechanical contrivances that can be 'taken down,' *e.g. démonter* une pendule; "*détisser*" and "*effiler*" are Dictionary words = to 'fray (cloth).' For *toile* a possible variant is *tissu*; cp. ce n'est qu'un *tissu* de mensonges; but the common allusion to *la toile de Pénélope* makes *toile* more appropriate.

4. **bonne**: var. *grande*, which is required later on.

8. **exercices**: var. *occupations*.

9. **en proportion de**: "proportionné à" will hardly do, being = 'duly adjusted to,' as in *proportionner la punition à la faute* = 'to make the punishment fit the crime.'

10. **Il devra** &c.: var. *Aussi aura-t-il de quoi se féliciter si.*

12. **ne font pas penser à**: var. *n'évoquent pas l'idée de.*

bégaie. N.B. *balbutier* = to 'speak falteringly,' as a child or under strong emotion; *zézayer* indicates a defect resulting in the pronunciation of *g* and *j* like *z*.

15. **lutter**: var. *réagir.*

je: much clearer than *nous*, which has just been used in a different sense.

CLIV. La vraie Étude des Langues.

Un homme bien élevé et instruit peut ne pas savoir beaucoup de langues,—peut ne pas être à même de parler d'autre langue que la sienne,—peut n'avoir lu que très peu de livres. Mais, quelque langue qu'il sache, il la sait d'une façon précise, 5 quelque mot qu'il prononce, il le prononce correctement; avant tout il se connaît dans la généalogie des mots : d'un coup d'œil il distingue les mots de bonne famille et de vieille souche d'avec les mots plébéiens d'origine moderne; il se souvient de tous leurs ancêtres, de toutes leurs alliances et de leurs parentés 10 lointaines, et jusqu'à quel point ils étaient admis dans l'aristocratie des mots et des fonctions qu'ils y remplissaient à toute époque et en tout pays. Mais un homme illettré peut savoir, par cœur, beaucoup de langues et les parler toutes, et cependant ne pas savoir vraiment un mot d'aucune, pas un mot même de 15 la sienne. Un marin d'intelligence et de jugement moyens sera capable de "se débrouiller" dans la plupart des ports ; et cependant il n'a qu'à prononcer une phrase de n'importe quelle langue pour être reconnu comme un illettré ; de même également l'accent ou la tournure d'une seule phrase révèlera d'emblée le lettré. Et les personnes instruites se rendent si bien compte 20 de cela, l'admettent d'une façon si définitive, qu'un accent déplacé ou une syllabe déformée suffit dans le parlement de toute nation civilisée pour assigner à jamais à un homme un certain degré d'infériorité sociale.

    6. **se connaît dans**: var. *possède à fond.*

    8. **les mots plébéiens**: var. *la canaille.*

    23. **à jamais**: var. *définitivement*; *pour de bon* (*i.e. pour* [*quelque chose*] *de bon,* hence *de,* not *du*).

CLV. La Qualité du Style français.

La vraie manière, et la plus appropriée, de manifester sa vénération pour une langue, c'est de s'appliquer avec soin à l'écrire correctement, à en faire ressortir les beautés par la pratique et à en utiliser les moyens d'expression en vue d'un but en rapport. Si l'on soumet à cette épreuve les trois peuples qui marchent en tête de la civilisation, Français, Allemands ou Anglais, lequel a le mieux rempli les devoirs inhérents à sa position ?

Dire que les Français seuls ont eu pleinement conscience de ces devoirs, cela est humiliant, mais, manifestement, cela n'est que trop vrai. La langue française atteint au plus haut degré, sinon au genre le plus élevé, du mérite. Parmi toutes les langues de notre planète, elle est un instrument unique pour déployer les ressources, et répondre aux exigences, de la gaieté sociale et de la causerie familière. Il faut voir là en partie l'effet, et en partie la cause, du tempérament sociable qui distingue les Français. L'adaptation de la langue au peuple qui la parle n'est peut-être pas plus fortement accusée dans leur cas que dans d'autres, mais elle l'est plus visiblement ; et c'est sans doute par un sentiment de gratitude pour ce généreux concours de leur langue que les Français se montrent à un tel degré soucieux de l'écrire avec élégance et correction. Ils y mettent tout leur amour-propre, et c'est un fait digne de remarque que les fautes de grammaire, si communes chez nos gens de lettres, sont presque inconnues parmi les Français cultivés.

Mais le respect dont les Français font preuve pour leur langue se montre surtout dans le soin qu'ils apportent au style et à l'expression. C'est la chose la plus rare du monde de voir un écrivain français pécher par l'emploi de phrases trop longues, trop compliquées, surchargées d'incidentes ou lourdement construites.   H. E. B.

CLVI. Johnson et Carlyle.

Boswell raconte l'histoire d'une vieille mendiante qui, en demandant l'aumône au Docteur, eut l'heureuse inspiration—profitable à sa bourse—de se comparer à un vieux lutteur. Johnson, nous dit son biographe, fut vivement frappé de cette
5 phrase. Elle lui resta dans la mémoire et par la suite il se l'appliqua souvent à lui-même. "Moi aussi, disait-il, je suis un vieux lutteur." Tel aussi fut Carlyle, en bonne conscience. Les luttes de Johnson sont depuis longtemps dans l'histoire. Celles de Carlyle viennent d'y entrer. Elles nous intéressent
10 également. Rester indifférent serait se montrer inhumain. Ces deux hommes étaient remarquablement doués, d'un tempérament orageux, tous deux eurent une vie difficile. Ils ne furent pas au nombre des favorisés de la Fortune. Ils durent se frayer un chemin de haute lutte. Ce qu'ils ont pris, ils l'ont pris
15 d'assaut. Mais—cela fait toute la différence—Johnson sortit victorieux de la lutte, Carlyle point.

Le livre de Boswell est comme un arc de triomphe sous lequel le lecteur voit son héros entrer dans une éternité glorieuse, prendre sa place parmi ceux
20   Qui, morts, sont souverains et dont le sceptre encor
      Règne sur nos esprits du fond de leur tombeau.

Le livre de Froude est comme une tombe sur laquelle ceux qui aiment le génie de Carlyle ne cesseront jamais de verser des larmes de tendresse—et de regret.   H. E. B.

3. **lutteur**: cp. A. France, *M. Bergeret à Paris*, p. 321: Il était, disait-il, *un vieux lutteur*: for the masc. cp. Richepin, *Mme André*, p. 68: Il se la représenta…comme *un* despote.

13. **favorisés** &c.: cp. Fromentin, *Dominique*, p. 172: il n'était pas né pour *les faveurs du hasard*.

14. **de haute lutte**: cp. A. Theuriet, *Ces Revenants*, p. 168: d'avancements à conquérir à la pointe de l'épée.

15. **sortit**: cp. P. de Julleville, *Littérature française*, VII, 47: Tout grand écrivain entreprend une lutte contre la routine et l'envie. Chateaubriand, on peut le dire, en *est sorti triomphant*.

CLXII. La Littérature comme Délassement.

" Même un millionnaire—c'est notre volume qui le dit— allégera son travail, prolongera ses jours et augmentera de cent pour cent ses plaisirs journaliers en devenant bibliophile ; quant à l'homme d'affaires qui a le goût des livres, qui toute la journée a lutté dans la bataille de la vie, avec ses tracas, ses 5 déboires et ses soucis, quels moments bénis d'agréable délasse- ment s'ouvrent à lui dès qu'il entre dans son cabinet, où chaque objet lui souhaite la bienvenue, où chaque livre est un ami intime ! "

Pour ce qui est du millionnaire, j'avoue franchement que je 10 n'ai aucunement le désir de voir prolonger ses jours et que je ne me soucie pas d'augmenter de cent pour cent ses plaisirs journaliers. Il nous gêne, car il a fait monter les prix de près de cent pour cent. Maudit soit le jour où l'on lui a mis en tête qu'il était à la mode d'acheter de vieux livres. Et s'il lui faut 15 absolument en acheter, que ne se contente-t-il des œuvres de Gibbon, de Robertson et de Flavius Josephus, ce docte Juif ? Mais ce n'est pas le millionnaire qui m'a donné à réfléchir, c'est cet homme d'affaires harassé ; et ce que je me demande, c'est si, en toute vérité et plaisanterie à part, il lui est possible, quand 20 il entre dans son cabinet et qu'il en referme la porte derrière lui, d'oublier ses déboires et ses soucis, ses effets dont l'échéance approche et ses galions en retard, pour se perdre dans la lec- ture d'un volume favori. L' " article " qui lui souhaite la bien- venue, je soupçonne que c'est sa pipe. Il mettra certainement 25 l' " article " dans sa bouche et il le fumera, voilà qui ne fait aucun doute. Ce que je crains, c'est qu'au bout de dix minutes le livre n'ait glissé sur ses genoux et que ses yeux ne regardent fixement le feu. Mais nonobstant et quand même, vivent la bibliomanie et le charme des livres ! 30

1. c'est &c.: modelled on the common phrase *C'est vous qui le dites* = ' *You* are our authority for the statement.'

4. homme d'affaires: var. *négociant* or (*gros*) *industriel*, if *homme d'affaires* ran the risk of being taken as only the legal 'man of business.'

5. a lutté &c.: cp. Renan, *Souvenirs d'Enfance*, p. 357: Celui qui, de nos jours, porterait *dans la bataille de la vie* une telle délicatesse, serait victime sans profit; var. *a soutenu la lutte pour la vie* (the stock French equivalent of our modern 'struggle for life').

11. voir prolonger: the customary method of avoiding a cumbrous Passive; cp. 'Man.' p. 33, § 7.

13. gêne: "embête," "ennuie" are too familiar.

fait monter: var. *augmenté, haussé*.

14. Maudit soit: var. *Nous maudissons*.

16. que: neater than *pourquoi*; *que* [= 'why'] is found only with a negative.

17. ce: often translate 'the' in the sense of 'the well-known' (see 'Man.' p. 47).

docte = 'dry-as-dust.' N.B. *un érudit* = a man of learning; *un savant* = a 'scholar' or 'scientist.'

20. plaisanterie à part: var. *sérieusement*.

24. l'article. The allusion to 'Put that in your pipe and smoke it,' is lost in French, which does not seem to have a precisely parallel expression.

29. quand même: better than "*malgré tout cela*," as being itself a quotation, *e.g.* 'Vive la France quand même!' engraved on the Lion de Belfort in memory of the heroic defence of the fortress in 1870–71.

CLXVIII. L'Influence de Rousseau sur le Dix-huitième Siècle.

C'est dans l'état de la société qu'il faut chercher les véritables causes de l'influence puissante de ces doctrines. Autrefois on en avait préconisé l'application soit à des crises politiques spéciales, soit à un seul pays ou à une seule classe de la société. 5 Au 18ᵉ siècle elles pénétrèrent pour la première fois dans les masses du peuple, les agitèrent jusqu'aux bas-fonds et produisirent un soulèvement à peine moins général que celui de la Réforme. L'histoire de ce mouvement ressemble à celle du puits enchanté de la légende irlandaise. Pendant des siècles

il était resté enseveli dans les ténèbres au milieu d'une cité 10
magnifique : un jour une main distraite laissa ouverte la porte
qui l'avait enfermé et le soleil du matin étincela sur ses eaux.
Aussitôt elles s'élevèrent à l'appel du rayon ; elles rompirent
les barrières qui les avaient contenues ; elles engloutirent la
ville qui les avait entourées, et leurs vagues irrésistibles, faisant 15
retentir jusqu'au ciel une musique farouche, roulèrent sur les
temples et sur les palais du passé.

2. **l'influence puissante** : var. *la profonde influence.*

Var. *Avant cette époque on les avait proposées en vue de nécessités
politiques particulières.*

6. **peuple** : var. *nation.*

Var. *qu'elles secouèrent (remuèrent) jusqu'aux dernières profondeurs.*

jusqu'aux bas-fonds : var. *jusqu'à ses couches les plus profondes.*

7. **soulèvement** : var. *bouleversement.*

9. **puits** : *source* is perhaps better, as more poetical, but it is less
exact ; what was thought to be *un puits* was found, but only later on,
to be really *une source.* The English 'well' is perhaps less restricted
in sense than *puits* ; cp. to 'well up,' a 'well of English undefiled,'
'Tunbridge Wells,' etc.

13. **elles.** It would be very odd to make *il* (referring to *puits*)
the subject of these verbs because *un puits* refers to the hole containing the water, not to the water itself. It is preferable to connect
the verbs with *ses eaux.* From this point onwards the vivid Present
could well be used : var. *elles font éclater les obstacles,* etc.

15. **vagues**: var. *flots.*

CLXIX. La Morale et le Dogme chrétiens.

L'élément moral du christianisme est comme le soleil dans
les cieux, et les systèmes dogmatiques sont comme les nuages
qui interceptent et atténuent l'excessive splendeur de son
rayonnement. L'insecte dont l'existence ne dure qu'un moment
pourrait bien s'imaginer que ceux-ci sont vraiment éternels, 5
que leurs colonnes majestueuses ne pourront jamais s'écrouler
et que leurs replis lumineux sont la source et le foyer même
de la lumière. Et pourtant ils changent et se transforment au
caprice de chaque brise ; ils se fondent et se séparent ; ils prennent de nouvelles dimensions et se montrent sous de nouveaux 10

aspects ; à mesure que le soleil qui les domine augmente de gloire et de puissance, sa splendeur croissante les pénètre et à la fin les absorbe ; ils reculent, se fanent et disparaissent, et le regard s'étend bien au-delà de la sphère qu'ils avaient occupée
15 jusqu'à l'infini de gloire qui se trouve au-dessus.

1. **comme** : cp. Pascal ('F. P.' p. 50) : Qu'il regarde cette éclatante lumière mise *comme* une lampe éternelle pour éclairer l'univers.

3. **atténuent** : cp. 'Trans.' p. 127.

5. **sont** : note the Tenses in this sentence. See 'Man.' p. 35, § 13.

6. **s'écrouler** : var. *défaillir, manquer.*

7. **le foyer** : cp. Buffon (quoted in *Dict. gén.*) : L'on doit reconnaître deux sortes de chaleurs : l'une lumineuse, dont le soleil est le *foyer* immense, et l'autre obscure, dont le grand réservoir est le globe terrestre.

15. **au-dessus** : we may repeat *qui les domine* to imitate the repetition in the English ' that is above them.'

CLXX. La Grandeur du Silence.

Ah oui, je veux le dire encore : les grands hommes *silencieux*! Lorsqu'on observe autour de soi la bruyante inanité du monde, les mots qui sonnent creux, les actes de peu de valeur, l'on aime à réfléchir sur le grand empire du Silence. Les nobles hommes
5 silencieux! dispersés çà et là, chacun dans sa propre sphère ; qui pensent silencieusement, qui travaillent silencieusement; dont nul journal du matin ne dit mot! Ceux-là sont le sel de la terre. Un pays qui n'en a point, ou qui n'en a que peu, n'est pas en bonne voie. Il est semblable à une forêt qui n'aurait pas de
10 racines, qui ne serait plus que feuilles et rameaux ; qui bientôt devrait se dessécher et cesser d'être forêt. Malheur à nous si nous n'avions rien d'autre que ce que nous pourrions *montrer*, ou ce que nous pourrions dire. Le silence, le grand empire du Silence : plus haut que les étoiles, plus profond que les Royaumes de la
15 Mort. Seul le silence est grand, tout le reste est faiblesse.... J'espère que nous, Anglais, maintiendrons longtemps notre " grand talent pour le silence."

Parts of the passage happen to have been translated by M. Maeterlinck, in *Le Trésor des Humbles* : " Silence, le grand Empire du silence," s'écrie encore Carlyle—qui connut si bien cet empire de la vie qui nous porte—" plus haut que les étoiles, plus profond que

le royaume de la Mort!...Le silence et les nobles hommes silencieux!...Ils sont épars çà et là, chacun dans sa province, pensant en
silence, travaillant en silence, et les journaux du matin n'en parlent
point....Ils sont le sel même de la terre, et le pays qui n'a pas de ces
hommes ou qui en a trop peu n'est pas en bonne voie....C'est une
forêt qui n'a pas de racines, qui est toute tournée en feuilles et en
branches, et qui bientôt doit se faner et n'être plus une forêt...."

The version which we give, written before we had seen M.
Maeterlinck's rendering, will provide sufficient variants, and only the
following points seem to require notice :—

2. **la bruyante inanité.** There seems to be no reason to avoid
inanité, which is a good French word, *e.g.* Flaubert, *Corr.* III, p. 361 :
montrant *l'inanité* des théories par l'exemple. Var. *le vain bruit.*

3. **les actes.** It seems best to avoid *actions* (f.) *de peu de valeur*,
because of the common meaning of *actions* = 'shares' and of *valeur* =
'value' in a financial sense, *valeurs* = 'securities.'

4. **à réfléchir sur** : var. *songer au.*

5. **sphère** : cp. Th. Gautier ('F. P.' p. 234) : transporté si loin
de ma *sphère.* While *province* is often used in the way in which
Carlyle employs 'department,' it is better avoided in a class-exercise,
where it might suggest the geographical term.

7. **ne dit mot** : var. *ne fait mention.*

10. **rameaux.** Sometimes it is an elegance to repeat *que*; *e.g. que
feuilles et que rameaux,* but there is little to be gained here by the
repetition.

12. Var. *que ce dont nous pouvons faire montre (parade).*

15. **Seul &c.** 'Small' would naturally be *mesquin*, but the
quotation (Vigny, *La Mort du Loup*) is so obvious that we can
scarcely avoid using it without change.

16. Var. *Dieu veuille que nous autres Anglais, nous conservions
longtemps.*

CLXXI. L'IDÉAL ARTISTIQUE.

De toutes les productions humaines, aucune n'approche la
perfection d'aussi près que les œuvres d'art pur. Dans tous les
autres domaines, nous nous déclarons satisfaits, et à juste titre,
si nous atteignons le degré d'excellence qui nous semble digne
de l'objet que nous avons immédiatement en vue: mais en art, 5
c'est la perfection même qui est le but. Si j'avais à définir l'art,
je l'appellerais volontiers un effort pour réaliser l'exécution
parfaite. Nous arrive-t-il de voir un ouvrage mécanique même

dont le travail porte la marque de cet esprit, qui semble avoir
10 été fait avec amour et avec le désir de l'exécuter aussi bien que
possible la perfection, alors même qu'un objet moins bien fini
aurait répondu au besoin pour lequel il était évidemment
destiné, nous disons que l'ouvrier a travaillé en artiste. L'art
cultivé pour lui-même et non seulement pratiqué pour des fins
15 empiriques conserve la conception première que nous nous en
sommes formée : une beauté idéale vers laquelle il faut tendre
éternellement, bien qu'elle dépasse ce qu'on peut atteindre en
réalité ; et grâce à cette idée il nous habitue à ne jamais nous
satisfaire complètement de l'imperfection en ce que nous faisons
20 et en ce que nous sommes ; à idéaliser, autant qu'il est en nous,
tout travail que nous accomplissons et par-dessus tout, nos
caractères et nos vies.   L. P.

1. n'approche la perfection : var. *ne se rapproche de* ; but
scarcely *n'approche de*, which does not quite give the required notion
of 'approaching *ideal* or *absolute* perfection.'

CLXXX. L'Amitié.

Je ne veux pas traiter les amitiés délicatement, mais avec
le courage le plus rude. Quand elles sont vraies, elles ne sont
pas des fils de verre ou des cristaux de glace, mais ce que nous
connaissons de plus solide. Car aujourd'hui, après tant de
siècles d'expérience, que savons-nous de la nature ou de nous-
mêmes ? L'homme n'a point fait un seul pas vers la solution
du problème de sa destinée. Et voilà l'humanité tout entière
convaincue de folie ! Mais la douce sincérité de joie et de paix,
que je puise dans cette alliance avec l'âme de mon frère, est
10 la noix même dont toute la nature et toute la pensée ne sont
que l'enveloppe et la coquille. Heureuse la maison qui abrite
un ami. On pourrait bien la construire comme un berceau de
fête ou un arc de triomphe pour le recevoir, ne fût-ce qu'un
seul jour. Plus heureuse encore si celui-ci comprend la solen-
15 nité de cette relation et en honore la loi. Ce n'est pas un vain
lien, un engagement éphémère. Celui qui s'offre comme candi-
dat pour ce pacte se présente, ainsi qu'un athlète à Olympie,
aux grands jeux où les hommes les mieux nés du monde sont
les concurrents.

3. **des fils de verre** : glass threads are 'thin glass wires drawn from glass partly fused' (Cent. Dict.). We find under *filigrane* in the Nouveau Larousse : "Filigrane" se dit aussi des minces *fils de verre* servant à l'ornement de certaines verreries de Venise. For the meaning cp. V. Hugo, *Hernani*, III, 1 :

> Mon amour n'est point comme *un jouet de verre*
> Qui brille et tremble.

6. **un pas** : cp. Maeterlinck, *L'Intelligence des Fleurs* : Depuis qu'elle existe, l'humanité n'a pas avancé d'*un pas* sur la route du mystère que nous méditons.

8. **convaincue** : cp. Bossuet, *Hist. Univ.* II, 25 : Dieu n'a-t-il pas *convaincu de folie* la sagesse de ce monde ?

13. **un arc de triomphe** : cp. Erckmann-Chatrian, *Waterloo*, p. 93 : Depuis ce jour, on ne pensait plus qu'à dresser *des arcs de triomphe*.

16. **éphémère**. What exactly is the meaning of 'holiday engagement'? It seems from the context that 'engagement' means a solemn promise ; the French *engagement* has exactly the same sense. It is safer, however, to translate 'holiday' by some general word which would suit almost any meaning that may be attributed to the English.

CLXXXII. MONTAIGNE CHEZ LUI.

Je me représente toujours Montaigne tel qu'il apparaît dans les délicieux "Dialogues Imaginaires" de Landor, où il s'entretient avec Scaliger.

Tandis que je lis, je crois voir ce gentilhomme si simple et si bon, qui fait si bien les honneurs de sa maison au savant 5 célèbre et légèrement ennuyeux ; il me semble surprendre la riche harmonie du vieux parler gascon si capiteux ; il me semble savourer ce vin de la vigne située sur le coteau que masquent les châtaigniers, vin "léger, odorant, piquant comme le babil d'un enfant précoce." Nous mettons un frein à notre appétit 10 pour les poulets grillés, sans poivre, et nous cheminons avec "le vieux de la montagne" vêtu de son discret costume noir et blanc qui lui était cher parce qu'un père bien aimé l'avait affectionné ; et nous examinons les quatre-vingts volumes qui paraissent si peu nombreux à Scaliger et un tel monde à Montaigne ; sur 15 les talons des deux compagnons, nous traversons la vaste cuisine où se balancent ces "vingt énormes flèches de lard" ;

nous nous arrêtons un moment avec eux dans la froide galerie
tendue de bannières en loques, et nous sourions en écoutant
20 Montaigne railler le zèle du pédant et suggérer avec une ironie
imperturbable des reprises possibles à ces reliques en haillons.
C'est un gentilhomme simple et bon que le Montaigne imaginé
par Landor; ce fut bien un gentilhomme simple et bon que le
véritable Montaigne, si jamais la bonté et une sage simplicité
25 ont élu domicile dans le sanctuaire d'un cœur humain.

    2. Dialogues : var. *Causeries, Entretiens.*
    4. Tandis que je lis : var. *Tout en lisant.*
    6. ennuyeux : var. *lugubre.*
    7. capiteux. The allusion in 'ripe' is taken to be suggested by
'wine'; *savoureux* would suit well, but we require *savourer*, which is
better than the variant *déguster.*
    9. odorant : var. *parfumé.*
    11. grillés. This is not the present way of cooking chickens,
cp. *poulet rôti,* but apparently = 'broiled.'
    12. discret : var. *modeste.*
    costume : var. *vêtement.* At the present day *un costume noir et
blanc* is a 'shepherd tartan costume,' but there is no reason why in
this context the phrase should not be used. The allusion is to the
Essais, I, xxxvi (*De l'Usage de se vestir*): Et puis que nous sommes
sur le froid, en François accoustumez à nous biguarrer (non pas moy,
car je m'habille guiere que de noir ou de blanc, à l'imitation de mon
père). Var. *en tant que le vêtement habituel d'un père chéri.*
    15. Var. *nous suivons de près les...; nous emboîtons le pas aux...,*
the latter is rather familiar; it means walking so closely after a person
that one's feet *fit into* his footprints.
    16. vaste : var. *spacieuse.*
    19. tendue de : var. *où pendent.*
    21. imperturbable : var. *pleine de gravité.*
    25. élu domicile : var. *établi leur séjour.*

CLXXXVI. LES ENFANTS DE PAUVRES.

    Dans les familles très pauvres l'enfant n'est pas du tout un
objet d'amusement; ce n'est qu'une autre bouche à nourrir,
qu'une paire de menottes à endurcir de bonne heure au travail.
En attendant le jour où il aidera le père ou la mère à gagner
leur pain, il est pour chacun d'eux un rival qui en réclame sa

part. Jamais il n'est sa joie, sa distraction, sa consolation; jamais il ne le rajeunit en lui rappelant son jeune temps. Les enfants des gens très pauvres n'ont pas de jeune temps. Cela vous fait saigner le cœur de surprendre par hasard dans la rue les propos qu'échange avec sa fillette une pauvre femme, une femme de la meilleure catégorie de pauvres, d'une condition un peu au-dessus de celle des êtres sordides que nous venons d'envisager. Il ne s'agit pas entre elles de jouets, de livres enfantins, de grandes vacances—toutes choses appropriées à cet âge tendre—ni du spectacle ou de la pièce promise ; ni de compliments pour des succès à l'école. Il s'agit de calandrage ou de blanchissage de fin, du prix du charbon ou des pommes de terre. Les questions de la petite fille qui devraient être purs épanchements d'une curiosité sans objet déterminé, portent la marque du calcul et d'une prévoyance mélancolique. Elle est déjà femme, avant d'avoir été enfant. Elle a appris à aller au marché ; elle liarde, elle marchande, elle envie, elle murmure ; elle est avisée, fine, dégourdie ; jamais elle ne babille. N'avions-nous pas raison de dire que le foyer des gens très pauvres n'est pas un foyer ?   E. L.

CLXXXVIII. LE PAYSAGE ET LE TRAVAIL LITTÉRAIRE.

Au temps jadis, je n'avais qu'à lever les yeux de mon bureau pour voir un lac superbe dans sa beauté inépuisable et une montagne dans toute sa majesté. C'était une joie de tous les jours, de toutes les heures même, de regarder les zéphyrs se jouer autour des îles enchantées, sur la surface d'argent fin, 5 tantôt troublant quelque claire image, tantôt l'allongeant démesurément ou la tranchant d'une large bande de petites vagues bleues. C'était un plaisir souvent répété de regarder les jeux des nuages autour de la crête de Cruachan et de la tête dorée du Ben Vorlich, les brouillards gris qui montaient 10 sournoisement du fond des vallées jusqu'à ce que tout à coup le soleil les surprît et les rendît plus éblouissants que les neiges qu'ils ombrageaient. Et les lieues et lieues de bruyères qui s'étendaient en bas vers le sud et qui se teignaient des plus sombres violets et bleus d'aniline, alors que le ciel du soir 15 brunissait, rayé d'un trait orange ! Ah, c'étaient là des spectacles inoubliables—splendeurs de lumière et de gloire, tristesses de l'ombre grandissante quand les yeux se mouillaient dans le crépuscule et buvaient secrètement leurs larmes.

1. **Au temps jadis.** While somewhat poetical, this suits the tone of the passage better than a prosaic phrase, *e.g.* Il y a bien des années ; var. *Il fut un temps où* etc.

2. **bureau.** In similar cases French men of letters seem to prefer *une table.*

3. **toute.** It is almost necessary to supply some such word in order to balance the sentence.

5. **se jouer :** cp. *e.g.* Mérimée, *Colomba*, p. 22 : La lune *se jouait* sur les flots.

enchantées. Daudet applies this epithet to one of the Îles Sanguinaires, *Lettres de mon Moulin*, p. 74 : C'était dans cette *île enchantée* que j'allais m'enfermer quelquefois ; var. *îles bénies* : cp. les Goncourt, *En* 18** ('F. P.' p. 256) ; but this adjective suggests the tamer scenery of the Seine rather than the wilder islands of the Bay of Ajaccio or Loch Awe.

argent fin : cp. Daudet, *Lettres de mon Moulin* (Nelson), p. 242 : la lumière diminuait, réfugiée dans l'eau, les étangs qui luisent, polissant jusqu'au ton de l'*argent fin* la teinte grise du ciel assombri, and R. Rolland, *L'Aube*, p. 49 : La lumière était *fine* et brumeuse, le fleuve gris d'*argent.*

7. **bande :** we must translate 'acres' by some such general term (cp. No. I, note to l. 14).

8. **vagues :** var. ? *vaguelettes, e.g.* Proust, *Du Côté de chez Swann*, II, p. 189 : le vent ridait le grand Lac [du Bois de Boulogne] de *petites vaguelettes* comme un lac.

9. **les jeux :** cp. Barrès, *Les Déracinés*, p. 51 : *les jeux des nuages* sur le soleil ; E. Rod, *La Neige sur les Pas*, p. 111 : l'intérêt qu'on peut prendre *aux jeux des nuages.*

10. **montaient :** cp. E. Rod, *Ibid.* VII : Les vallées sont les premières conquises et le long de toutes les parois, lentes ou rapides, les ombres *montent* comme une armée *sournoise.*

13. Cp. Fromentin, *Un Été dans le Sahara*, p. 52 : malheureusement, quand l'alfa s'empare de la plaine, c'est alors *pour des lieues et des lieues.*

15. Cp. Proust, *o.c.* I, 122 : Il y a dans les nuages ce soir *des violets et des bleus* bien beaux.

16. **trait :** as in S. Prudhomme, *Le Cygne* ('Trans.' XVI) : Où l'horizon *brunit rayé d'un* long *trait* rouge. Var. *le soir quand le ciel*

était gris sauf une bande de lumière orangée ; cp. Augier, *Le Gendre de M. Poirier*, I, 6 : Regarde donc cette *bande de lumière* verte qui court entre les tons *orangés* de l'horizon ; and A. France, *Le Livre de mon Ami*, p. 267 : La *bande* de pourpre qui barrait le couchant a pâli et l'horizon s'est teint d'une lumière *orangée*.

18. l'ombre grandissante : so Heredia ('Trans.' § 13) ; cp. Theuriet, *Les Œillets de Kerlaz* : les *ombres grandissantes* du bois.

CLXXXIX. Le Paysage et le Travail littéraire (Suite).

Et cependant, tout merveilleux qu'il était, ce paysage des Highlands, si magnifique, si passionnément aimé, manquait d'un des grands éléments dont un écrivain a un besoin impérieux. Dans toute cette magnificence de la nature l'humanité n'avait pas de place. Il est vrai que vers le nord, masquée par 5 un promontoire couvert de pins, se dressait encore la vieille ruine grise de Kilchurn, et que loin dans le sud-ouest s'élevait, au milieu d'une autre anse du lac, l'île-forteresse d'Ardhonnel. Mais la vue ne découvrait aucune ville, couronnée de ses flèches et de ses tours : rien que les sapins des îlots et, sur le 10 plus grand, quelques pierres tombales. Au delà, s'étendaient les solitudes dépeuplées de Breadalbane.

A l'endroit d'où je vous écris aujourd'hui, on dirait que l'humanité est plus proche, que les légendes des siècles s'étalent sous mes yeux, inscrites sur la surface de la terre. A l'ombre 15 du mont de Jupiter, s'élève devant moi une des plus anciennes des villes d'Europe, "sœur et rivale de Rome." Sur ses murailles et ses édifices se lit l'histoire de soixante générations. Temple, arc, pyramide—tout cela nous apporte encore son témoignage, comme le font aussi ses anciens remparts et plus d'une tour 20 majestueuse. Dominant tout, la flèche de la cathédrale se dessine sombre dans la brume du matin, et souvent, par les claires soirées d'été, sous les rayons obliques du soleil, elle se détache lumineuse sur le fond des coteaux boisés. C'est alors que la vieille ville revêt ses tons les plus chauds et les plus 25 doux, et reluit parmi l'ombre envahissante. Elle règne sur la vallée dans toute sa largeur jusqu'aux replis des montagnes lointaines et bleues. De même, notre vie doit être entourée des beautés de la nature—entourée, non pas dominée.

3. **dont** &c.: cp. Maupassant, quoted by Albalat, *Souvenirs de la Vie littéraire*, p. 254: J'ai *un besoin impérieux* de ne plus entendre parler de littérature; var. *indispensables à un écrivain*.

8. **anse**: var. *bras, étendue*.

l'île-forteresse: "*l'île fortifiée*" has modern associations inappropriate here.

9. **couronnée**: a stock phrase, cp. Lamartine, *Voyage en Orient*: un groupe d'édifices turcs assez semblable à un hameau d'Europe *couronné de son* église et de son clocher.

12. **dépeuplées**: "*désertes*" will hardly do, though *désertées* might, because 'depopulated' may conceivably allude to the notion that the population was driven out 'that a degenerate lord might boast his sheep.'

17. **murailles**: suggested by 'bulwarks,' but possibly *murs* was the author's meaning; var. *Ses murs* etc. *retracent l'histoire*, cp. Mme de Staël ('F. P.' p. 148): A Rome...ces monuments ne *retracent* que l'histoire politique des siècles écoulés.

21. **Dominant**: var. *Surmontant*.

23. Var. *les soirs sereins*.

24. **sur le fond.** This renders both 'against' and 'behind.'

des coteaux boisés: "*des bois escarpés (abrupts, en pente*," etc.) is odd.

27. **dans toute sa largeur**: cp. Fromentin, *o.c.* p. 26: l'œil embrasse alors à vol d'oiseau, *dans toute sa longueur, une vallée* beaucoup moins riante.

replis. By 'folds' is apparently meant something like 'tier behind tier,' *i.e. des plans de montagnes*. But it is also possible that the effect of extreme distance is meant, in which case *bourrelet* is the word; cp. Fromentin, *o.c.* p. 50: On a devant soi, pour l'horizon, une nouvelle ligne de petites *montagnes perdues dans le bleu*. Supprime ce *bourrelet* montagneux, et tu n'auras plus qu'une seule et même étendue de trente-quatre lieues. The city referred to by Hamerton is Autun, for the identification of which we are obliged to Professor de Castelvecchio and Mr Royall Tyler.

CXCI. L'INTELLIGENCE DU CŒUR.

Lorsque, adolescent, je regardais celui-ci ou celui-là, je m'étonnais que l'humanité eût fait si peu de progrès. Aujourd'hui, quand je regarde la foule des hommes, je m'étonne qu'ils soient si avancés. Dans ma folle arrogance d'autrefois, j'avais coutume
5 d'estimer la valeur d'une personne à sa force et à son succès

intellectuels. Je ne savais voir rien de bien où manquait la
logique, nul charme où la science faisait défaut. Aujourd'hui
je pense qu'il faut distinguer entre deux formes d'intelligence,
celle du cerveau et celle du cœur, et j'en suis venu à attacher
une bien plus grande importance à cette dernière. Je n'ai 10
garde de dire que l'intelligence ne compte pas ; le sot est toujours aussi fâcheux qu'ennuyeux. Mais à coup sûr les meilleures
gens que j'aie connues échappaient à la sottise grâce non pas
à l'entendement, mais au cœur. Les voici présentes à mon
esprit et je les revois avec leur profonde ignorance, leurs pré- 15
jugés marqués, leur aptitude à déraisonner de la plus absurde
façon. Et pourtant les vertus essentielles éclatent sur leur
visage : la bonté, la douceur, la modestie, la générosité. Pourvues de ces qualités, elles en comprennent aussi l'usage appro-
prié ; elles ont l'intelligence du cœur.   W. T.   20

3. **la foule des hommes.** The English expression is somewhat
vague and cannot well be rendered literally into French.

4. **arrogance.** Adjectives modified by adverbs, like 'foolishly
arrogant,' are less readily used in French and are often best turned
by nouns, as here ; similarly 'more important,' 'greatly ignorant,' etc.
further on.

10. **Je n'ai garde de dire.** This phrase is neater, and therefore
more characteristically French, than a literal rendering.

12. **fâcheux.** Molière's use of the epithet makes it a close equivalent of the word 'noxious' as employed here.

18. **Pourvues de.** The preference for the Passive, instead of
the Active participle *possédant*, is marked in French.

CXCII. Ce que le Paysagiste doit se proposer.

Le paysagiste doit toujours avoir en vue deux grands
objets distincts : d'abord, de faire passer dans l'esprit du
spectateur l'image fidèle de scènes naturelles quelconques ;
ensuite, de guider l'esprit du spectateur vers ces objets qui
méritent particulièrement de fixer son attention et de lui faire 5
part des pensées et des sentiments qu'ils ont inspirés à l'artiste
lui-même.

Quand il remplit le premier de ces objets, l'artiste ne fait
que placer le spectateur au point où il se trouve lui-même ; il
le pose devant le paysage et l'y laisse. Le spectateur est seul. 10

Peut-être se laissera-t-il aller à ses pensées comme il le ferait
dans la solitude naturelle ; peut-être restera-t-il sans émotion,
sans pensée, sans intérêt, suivant son humeur du moment.
Mais aucun sujet de réflexion ne lui est fourni ; aucune idée
15 nouvelle, aucun sentiment inconnu n'est imposé à son attention ou à son cœur. L'artiste est son véhicule, et non son
compagnon ; sa monture, et non son ami.

Mais quand il remplit son second objet, ce n'est plus seulement à placer le spectateur que l'artiste réussit, mais à lui
20 parler ; il le fait participer à la force de ses sentiments à lui, à
la vivacité de ses pensées ; il l'emporte dans son propre en-
thousiasme, le guide vers tout ce qui est beau, arrache de lui
tout ce qui est vil ; il le laisse, enfin, charmé, bien plus, ennobli
et instruit, conscient—non seulement d'avoir contemplé une
25 scène nouvelle—mais d'avoir communié avec un esprit nouveau, d'avoir été doué un moment de la perception aigüe et
de l'émotion impétueuse d'une âme plus noble et plus pénétrante que la sienne.   F. J. T.

Commentaire.

Le morceau précédent n'offre, au point de vue grammatical,
aucune difficulté sérieuse : le sens est parfaitement clair et ne demande aucune remarque particulière.

Les seules difficultés sont des difficultés de traduction proprement
dite. On peut tout d'abord faire quelques observations générales :

I. Tout en étant toujours très claire, comme il vient d'être dit,
la phrase n'a pas toujours toute la précision nécessaire à une phrase
française. D'où la nécessité d'ajouter un certain nombre de mots.

1.. *The painter must have...* nous ajoutons '*en vue*' ; on pourrait
aussi bien dire '*se proposer*,' mais ce verbe a déjà été employé dans
le titre.

8 et 18. *In attaining.* L'emploi en français du gérondif, avec sa
multiplicité de sens, serait trop vague ; il vaut mieux par conséquent
employer ici une proposition subordonnée, soit temporelle, soit con-
ditionnelle.

9. *where* he stands.... *Là* où, ou mieux *au point* où.

10. *leaves him.* Il est préférable d'exprimer en français où le
peintre laisse le spectateur.

26, 27. *A nobler and more penetrating....* Il n'est pas indis-
pensable d'exprimer le second terme de la comparaison, cependant

il est préférable de le faire. Il y a du reste ici une petite difficulté : faut-il comprendre : plus noble que la sienne, ou plus noble que celle des autres, du commun des mortels ? Mais le spectateur étant une personne quelconque, la distinction est plus apparente que réelle.

II. Pour la même raison (besoin de précision et de clarté), il est nécessaire de couper la dernière phrase—trop longue et peut-être trop lourde pour le français moderne.

III. Remarquons que, dans un petit nombre de cas, les expressions de Ruskin paraîtraient trop concrètes en français : ceci est particulièrement vrai de *The artist is his conveyance...his horse* (l. 16). Le français préfère des expressions plus abstraites ou plus atténuées, comme *véhicule, monture*. Peut-être même serait-il bon d'ajouter un prudent '*pour ainsi dire.*' De même, nous avons rendu par des termes abstraits les adjectifs : *untouched* (l. 12), *unreflecting* (l. 13), *regardless* (l. 13), *strong* (l. 20), *quick* (l. 21) : sans *émotion*, sans *pensée*, sans *intérêt*, la *force*, la *vivacité*.

IV. Construction.

8. *only.* La construction française doit marquer l'importance de ce mot ; par conséquent *seulement* n'est guère possible tout seul. On devra dire : *c'est seulement*, ou mieux *ne fait que*.

19 et 20. Ruskin indique l'importance de *places* and *talks* par l'emploi d'italiques. Évidemment, on pourrait en français se servir du même artifice qu'en anglais ; mais, comme le disait M. Faguet, "les italiques ne sont pas polies" ; elles ne sont guère admises dans le style littéraire ; la construction doit être telle qu'elle attire naturellement l'attention du lecteur sur les mots importants de la phrase, sans que l'auteur ait recours pour cela à l'emploi de signes typographiques spéciaux. La phrase de Ruskin se rendra donc : "ce n'est plus seulement à placer...que l'artiste réussit, mais à lui parler," où les deux verbes *placer* et *parler* sont suffisamment mis en relief.

V. Vocabulaire.

2. *end* aurait pu se rendre par *but, fin*, ou *objet* ; mais le premier de ces mots, qui est très précis, aurait singulièrement compliqué la traduction des ll. 8 et 18 : il y aurait eu une certaine incohérence à joindre les deux images *atteindre un but* et *placer quelqu'un* ; la même objection pourrait probablement être faite à *fin*.

3. *conception.* Le français *idée* serait plus conforme au texte, mais moins exact que *image*.

objects. Le mot *scène* est de signification plus restreinte que 'objects,' mais il est suffisamment exact ; de plus, *objet* a déjà été employé plus haut avec un sens différent.

5. *contemplation. Fixer son attention* est plus faible. On ne

pourrait dire en français, *digne de* (ou *qui mérite*) *sa contemplation*; *qui mérite d'être contemplé par lui* est très exact, mais long et lourd.

6. *regarded by*. *Qu'ils ont inspirés à l'artiste*—est un peu loin du texte : le sens cependant est suffisamment rendu, et ' *avec lesquels l'artiste lui-même les a regardés* ' serait bien lourd.

11, 12. *may follow*. Le présent et le futur sont tous les deux possibles ici; le futur cependant est préférable, car il affirme moins catégoriquement que le présent.

follow out. On pourrait traduire *poursuivre ses pensées*, mais *poursuivre* impliquerait une notion d'effort qui n'est pas dans le texte.

13. *as his disposition may incline him*. *Humeur du moment* rend assez bien le nom et l'infinitif anglais ; à la rigueur, *humeur* à lui seul pourrait suffire, car son sens habituel est celui de disposition passagère, par opposition à *caractère* qui signifie " une forme de l'âme constante " (Lafaye).

26. *intelligence* est mieux rendu ici par *âme* que par *intelligence* ; en français on ne rapporte généralement pas les émotions à l'intelligence, mais à la sensibilité.   F. J. T.

CXCIV. L'Entretien des Monuments.

Entretenez bien vos monuments et vous n'aurez pas besoin de les restaurer. Quelques lames de plomb mises à temps sur un toit, quelques feuilles mortes et quelques brindilles balayées à temps d'une gouttière sauveront de la ruine à la fois le toit
5 et les murs. Veillez sur un ancien édifice avec un soin inquiet ; gardez-le de votre mieux et à tout prix de toute influence de dégradation. Comptez-en les pierres comme si c'étaient les joyaux d'une couronne ; mettez des sentinelles autour, comme aux portes d'une ville assiégée ; liez-le avec du fer là où il
10 commence à se désagréger ; étayez-le avec des poutres là où il penche ; n'importe que le soutien soit disgracieux ; mieux vaut une béquille qu'une jambe perdue ; et faites tout cela tendrement, avec révérence et continuellement, et mainte génération naîtra encore et s'éteindra à son ombre. Son jour
15 fatal doit enfin venir ; mais qu'il vienne franchement et ouvertement et que nulle substitution déshonorante et fausse ne le prive des offices funèbres que lui rendra le souvenir.

4. **ruine.** There is no danger of ambiguity here. The abstract word = 'destruction' is *la ruine*; the 'ruined monument' is generally *les ruines.*

5. **avec un soin inquiet** : var. *d'un œil inquiet.*

7. **dégradation** : the technical term for 'destruction,' 'damage' of buildings etc. : *e.g.* l'humidité amène la *dégradation* des murs (Nouv. Lar.) ; the parents of French schoolboys paid, or pay, a small charge for *dégradation de livres.*

8. **joyaux** : see ' Man.' p. 73.

11. **penche** : *s'incline, plie, cède* etc. would not render the implied notion of bulging *outwards.* Cp. A. France, *L'Île des Pingouins,* p. 386 : le clocher de la cathédrale *penche* et va s'écrouler ; Angellier, *A l'Amie perdue,* p. 80 : dont le petit clocher se disloque et *se penche.*

12. **jambe** : var. *membre.*

13. **avec révérence** : var. *révérencieusement,* but the number of adverbs in *-ment,* though justifiable by the series of *-ly* in the English, is somewhat excessive for French taste.

14. **s'éteindra** : a euphemism for 'die' : for examples see ' Trans.' pp. 104, 127 and § 5 b.

16. **substitution** : var. *imposture* : " *remplaçant* " would denote a *temporary* successor ; " *substitut* " is a Judge.

CXCV.

C'est par suite d'une affinité naturelle que l'Écosse adopta la forme particulière du christianisme exposée par Calvin, et en l'adoptant la nation y mit l'empreinte de son caractère propre moral et intellectuel. Le fait que depuis trois siècles le peuple écossais reste attaché à cette confession religieuse avec une obstination tenace prouve jusqu'à l'évidence qu'à un moment donné de son développement elle représentait pour lui le plus haut idéal qu'il pût concevoir de la vie et de la destinée humaines.

C'est dans les tendances de la race, dans les conditions de la vie nationale qu'il nous faut chercher l'explication de cette " intensité de concentration " qui constitue la note spéciale du génie et du caractère écossais. L'Écosse avec sa surface restreinte, son sol avare, et sa population clairsemée n'aurait pu, de par la nature des choses, développer une civilisation aussi riche et aussi variée que celle de l'Angleterre et de la France. Pourtant, si elle n'a produit ni un Shakespeare ni un

Molière, si elle a fermé les yeux à quelques-unes des plus riches perspectives de la vie et de l'expérience des hommes, son peuple, comme le monde l'a reconnu, a joué un rôle à part et occupé une place à part entre les nations, et plus d'un parmi ses fils a contribué au plus noble plaisir et au plus noble profit de la race humaine.   W. T.

CXCVI. Sur le Manque d'une Opinion éclairée en Grande-Bretagne.

Une opinion éclairée existe chez nous aussi bien qu'en France ; mais en France l'Académie lui sert en quelque sorte de centre, de point de ralliement, et lui donne une autorité qu'elle ne possède pas ici. Comment se fait-il que le travail quotidien du tâcheron littéraire, si je puis ainsi dire, soit de qualité tellement inférieure à celui qui est fourni en France ? D'une manière générale, on peut dire qu'il n'y a pas un écrivain anglais, sachant bien soit le français soit l'allemand, qui consulte un ouvrage écrit en anglais quand il peut s'en procurer un qui soit écrit en français ou en allemand. Ne pensez pas qu'il en soit ainsi parce qu'il ne se trouve pas en Angleterre, tout comme en France, un certain nombre de personnes parfaitement à même de discerner en ces matières ce qui est mauvais et ce qui est bon ; mais ces personnes sont isolées, elles ne sont pas constituées en un corps dont l'opinion s'impose, elles n'ont pas assez de puissance pour établir un niveau auquel même le tâcheron littéraire doive atteindre s'il veut que ses productions se vendent. Dans ce genre d'entreprise, les ignorants et les charlatans s'efforcent constamment de faire passer leurs produits comme excellents, et d'étouffer la voix des critiques, qu'ils représentent comme une minorité insignifiante et par trop délicate ; il leur est facile d'inculquer cette persuasion à la multitude lorsque, comme en ce pays, cette minorité de gens éclairés est éparpillée de-ci, de-là ; mais ce n'est plus aussi facile lorsque cette minorité forme un faisceau bien uni comme à l'Académie Française.

de V. P.-P.

CXCVIII. Faute de Temps.

Au moment d'entreprendre ce travail, j'avais pris la résolution de ne laisser sans examen approfondi ni les mots ni les
choses, et je me réjouissais à la perspective des heures que je
passerais avec volupté dans de véritables festins littéraires.
Je me faisais une fête d'entrer dans les obscurs recoins de 5
l'érudition septentrionale que je fouillerais. Que de butin
j'attendais de chaque recherche dans ces mines négligées, en
récompense de mon travail! Avec quel triomphe j'étalerais
devant l'humanité mes trouvailles! Lorsque je me serais
ainsi enquis de l'origine des mots, j'étais résolu à m'occuper 10
pareillement des choses, à pénétrer fort avant dans toutes
les sciences, à examiner la nature de toutes les substances
dont j'aurais relevé le nom, à limiter chaque idée par une
définition rigoureusement logique et à exposer chaque phénomène de la nature ou de l'art au moyen d'une description 15
précise. De cette façon mon livre remplacerait tous les autres
dictionnaires soit généraux, soit techniques. Mais c'étaient
là les rêves d'un poète condamné finalement à se réveiller
lexicographe. Je me suis vite rendu compte que, lorsque
l'œuvre réclame déjà l'exécution, il est trop tard pour forger 20
les instruments. Quelle que fût la compétence apportée à ma
tâche, c'était avec cette compétence-là que je devais la mener
à bien.

1—3. Cp. Flaubert, *Corr.* III, p. 379 : Je travaille démesurément
et suis, au fond, *réjoui par la perspective* de la fin qui commence à se
montrer. Pour qu'elle arrive plus vite, *j'ai pris la résolution* de de-
meurer ici tout l'hiver.

3. choses. For clearness *qu'ils représentent* could be added.

4. avec volupté : var. *avec délices.*
festins : var. *régals.*

5. d'entrer. The order is changed because *entrer dans et fouiller*
is impossible.

6. septentrionale. 'Johnsonese' for *du Nord.*

Que de butin : var. *Que de trésors chaque recherche dans...me
donneraient....*

9. trouvailles. If the end of the sentences *trouvailles...travail*
seems harsh, *labeur* (m.) may be substituted for *travail.*

serais. The Tenses in this passage require care.

10. **origine.** 'Original' in 18th c. English = 'origin.'

13. **relevé.** The technical word used by philologists; so *rigoureusement* l. 14.

14. **phénomène** applies less strictly to *art* than to *nature*; hence the transposition of the words.

16. **De cette façon** : var. *En sorte que*, often elegant at the beginning of a sentence.

17. **généraux.** For the sense of 'appellative' cp. Johnson's *Preface to Dict.* (O.E.D.) 'As my design was a dictionary, common or appellative, I have omitted all words which have relation to proper names.'

20. **forger** : var. *chercher*.

22. **mener à bien** : var. *mener à bonne fin*; *achever*.

INDEX OF WORDS MENTIONED
IN THE NOTES

se *lamenter* XLIII 5
lampe XIX (i) 14; LVII 5
lancer XIX (ii) 11; XLVIII 11
lanterne XLVIII 11 and 15
largeur XLVIII 4; CLXXXIX 27
'learning' CXXXIII 25
léger de cœur VIII 1
lentille XLVIII 15
lequel XLVIII 2
les *lettres* CXXXIII 25
levée XII 1; *levée de houle* LVI 9
lever (*les yeux*) CXLIX 12
levrette, lévrier LXII 10
lézarde XLIII 3
'liable' XXII 14
en *liesse* XIX (ii) 8
en *lieu sec* XXIX 14
lieues V 10; CLXXXVIII 13
ligue CXXXIII 26
'like'=*on eût dit* IV 12
'limb' CXCIV 12
lisière II 15
lisse XLIII 19; XLVIII 6
livres I 4
se *loger* XXIII 14
dans le *lointain* de XIX (ii) 6
longueur CLXXXIX 27
'to look well' XVII 20
'looks' (sb.) XCII 1
lorsque)(*alors que* XIX (i) 11
à *losanges* XVII 2
lourd='sultry' II 3 and 6; *lourd de pluie* LVI 6
lugubre XLIII 1; CLXXXII 6
lumière LVII 16; CLII 11
lumineux XLVIII 12
une *lune* LXXXII 15
lunettes noires XLVIII 2
'lurid' LVI 16; LVII 10
lutte CLXII 5; *de haute lutte* CLVI 14
lutter I 15; CLIII 15; CLXII 5
lutteur CLVI 3

machinalement XII 8
main XLVIII 3
maître XXIV 13
malgré moi XII 8
manoir CXXXIII 22
manquer CLXIX 6
marais XXII 10
marbré LII 19
marches XXX 10
mare IV 7
marécage CXXIX 12
marge XCIV 5
Margot CII 4

marine='smell of the sea' II 6; ='sea-piece' LVI 1
maritime LXXXVI 12
marmotter XLIII 10
marquer XLVIII 19
mat LXVIII 7
'match' CXXVII 23
matin IV 1
matrone LXVIII 25
un *mauvais sentiment* CII 19
'to meet' CXXVII 1
'melting' LXIX 6
menaçant LII 21
menant XXX 10
mener à bien, à bonne fin CXCVIII 22
faire *mention* CLXX 7
menu (adj.) CXVI 18
mère, idée mère LXIII 5; *mère commune* XIV 15
mesquin CLXX 15
mesurer XLVIII 19
métropole LXIII 14
mettre, mettre de côté XX 15; *mettre (des souliers)* XX 17
'Mexico' XXIX 1
'Midsummer' XIX (ii) *Title*
'might' XCII 11
'mild' VIII 8
milieu, au beau milieu LII 4; *le juste milieu* LXII 6
mille XLVIII 8
milliers XXXVI 3
miroir CLII 5
moite II 4
à *moitié* XX 16
par *moments* VI 12
monsieur LXXXVI 7
montagne LVI 9
monter CLXXXVIII 10; *faire monter* CLXII 13
faire *montre* CLXX 12
'Mother Earth' XIV 15
faire la *moue* CXLV 17
mouillé II 4
mouiller XX 6
mouvement XLVIII 19
muet XIX (i) 13
multicolore XLVIII 6
mur CLXXXIX 17
muraille CLXXXIX 17
murmurer XLIII 10
myriades XXXVI 3
mystérieux XCII *Title* and 7

nacré XLVIII 6
nager XCIV 6

nappe XXXVI 2; CLII 7
naturellement LXII 11
ne...que XIX (i) 14
négociant CLXII 4
niche XVII 7
nid I 8
'nightly'=*nocturne* XIV 19
'noble' XXX 14
nocturne XIV 19
noir et blanc CLXXXII 12
non que...parce que LXII 4
de *nouveau* XLVIII 14
nouvelles (sb.) LXXXVI 12
'noxious' CXCI 12
nuit II 1; XLVIII 1

'objects' XVI 2; CXCII 3
objet XXXI 25; *objet d'art* IV 9
obsesseur CIII 4
occidental XLI 11
s'*occuper à*)(and *de* XLVIII 3
'occupy' XXIX 1
océan LII 11; LXIII 14
'odds' XCI 14
odorant CLXXXII 9
d'un *œil* LXXXVI 3
œuvres LXII 5
office LXXIII 19
'one' XXIII 2; XLVIII 9; CXII 1
'only' CXCII 8
'to open into' XVI 7
'opposite'=*en face, opposé* IX 5
orage XL 9; CXXIX 10
orangé CLXXXVIII 16
Order of words XLIII 3; XLVIII 9
à l'*orée* II 15
Orientation, terms of IX 1
'original' CXCVIII 10
Ouf! XLIII 20
'outline' CXXX 5
'the outside' XVII 1
ouvrir sur)(*donner sur* XVI 7
'own' CXXX 6

pacifique XIX (i) 3
pailleté, paillettes XXXVI 17
paisible XIX (i) 3; XXXVII 3
palissade XVII 8
palme; palmier; palmiste XXX 4
pampe II 11
panache XXXV 5
panier XVII 12
pantalon LXXIV 6
papal CIX 2
par (in reference to weather)
   IV 1; LXXXVI 1

par trop XXIV 8
faire *parade* CLXX 12
paradis XVII 8
parangon LXIX 29
par-dessus (prep.) XL 4
parfumé CLXXXII 9; XVII 3
parloir XVII 16
paroisse XXXV 2; CXXXIII 10
parsemé LXXXVI 16
partant XXIV 8
particulier XIX (i) 2; XLVI 2
partir+prep. VII 14
parut XLVIII 10
pas (sb.) CLXXX 6; CLXXXII 15;
   à *pas lents* XIX (ii) 2
passer CXLV 6; se *passer* XL 11
Passive Voice preferred CXCI 18
Past Continuous XX 4; XXVIII 12;
   CIX 2
Past Historic II 12; XXVIII 12;
   XXXI 25; LII 2; CIX 2; CXXX 2;
   CLII 13
'patronise' CXXXIII 25
pavé (sb.) XII 10
pédant, faire le CXLV 8
peint XXVIII 11
penchant XXXVII 14
pencher CXCIV 11
pendiller, se balancer XVII 4
pénétrer CL 7
péniche XXXVII 6
percher XXIII 14
se *perdre dans* XCI 5
perspective IV 5; XL 5; CXCVIII 1
petit CXVI 18
un *peu* LXXVIII 15
peuple CLXVIII 6
phare XLVIII 15; LVII 5
une *pièce de quinze* CXII 4
pierreries XXXVI 15
pile (sb.) CXLV 7
pingre LXXIV 28
pivoter XLVIII 15
place XXIX 1 and 5
plafond XXV 21
plaisanterie à part CLXII 20
plateau XCI 10
plate-forme XCI 10
plébeien CLIV 8
plier CXCIV 11
de *plomb, plombé* LII 19
plonger ses regards XXII 6
plume LII 15; LXVIII 22
plumet LXVIII 22
Plural vb.+Singular subject XCI 1
poindre XLVIII 10

'substitute' CXCIV 16
substitution CXCIV 16
'sultry' II 3 and 6
à coup *sûr* LVI 2
suranné XXIV 16
'Be sure!' CL 6
surface XLVIII 4
surgir XXIX 10
surmonter CLXXXIX 21
surplomber XCI 2
surprendre XXII 7
survivre (Pronoun supplied after) XXII 21
susceptible de XXII 14
'sweet' XIX (ii) 4

table CLXXXVIII 2
tache CLII 5
tacheter LXIII 16
taillis XXXIV 12
talus XXXVI 17
tel = 'like' IV 12
tempête CXXIX 10
temple XX 4; XXIII 30
en *temps voulu* CXXIV 12
tendre XXIV 4
ténèbres LXIII 15
terrain XXIII 4
dans les *terres* LII 13
terrible XLIII 21
terrifiant XLIII 21
têtard I 13
tête (of a tree) I 13; = 'face' XXX 8; en *tête* XXV 29
Tezcoco XXIX 12
'the' = *ce* CXXVII 2; CLXII 17
théorie XLVI 8
'they' = *cela* IX 6
tigré LII 19
Time, expressions of I 3
tiré XCII 10
tissu CLIII 3
toge LXXXVI 2
toile LVI 4; CLIII 3; *toile d'araignée* IV 8
tombe CXXX 25
à la *tombée de la nuit* II 13; XLVIII 4
tortueux LXXXIX 9; CXXX 8
torture LVI 12
touffes XXXV 5
toujours XCI 12
à son *tour* XLVIII 14
tourbillonner XII 21
tourment LVI 12
tourner XLIII 1; XLVIII 12
tournoyer XII 21

de *toutes parts* XXIII 1
tracer XXXVI 11
traîner XXXVI 3
trait CLXXXVIII 16
tranquille XXXVII 3
trap XLI 9
'trap-rock' XLI 9
à)(en *travers de* XXXI 12
treillissé XVII 2
trembloter CLII 12
tremper XXII 15
tresses LXII 14
triomphant CLVI 16
une *tripotée* CXLV 7
tromper II 2
tronc LXIII 15
troubles, des yeux troubles XIV 9
troupe XCI 1
troupeau XL 11
'twilight' XLVIII 4

'undefined' XX 7
'undisguised' XCII 7
uni XLIII 19; XLVIII 6
'unkind' LXII 26

vague (sb.) LVI 17; CLXVIII 15
vaguelette CLXXXVIII 8
valeur CLXX 3
vallon CII 1
faire *valoir* LXVIII 4
vanté XXIV 16
vaporeux XXV 18
vase IX 14
vaste CLXXXII 16
végétation (sculpt.) LXIII 21
veiller CLII 13
venu de = 'from' XXII 16
verdâtre XLI 8
véritablement CXIV 15
vérité CXXXIII 19
fils de *verre* CLXXX 3
versé XIV 17
veste LXVIII 17
vêtements CXLVIII 4
vétusté XXV 25
vibrant CXXVII 9
vif XXIII 26; XXVIII 11
vigilant CLII 13
villageois XXX 6
ville XXIII 2; XXIX 1
des *violets* CLXXXVIII 15
vin, vin des Canaries, d'Espagne, de Xérès LXXXVI 9
vivre à son aise, comme un coq en pâte CXLV 20

For EU product safety concerns, contact us at Calle de José Abascal, 56–1°, 28003 Madrid, Spain or eugpsr@cambridge.org.

www.ingramcontent.com/pod-product-compliance
Ingram Content Group UK Ltd.
Pitfield, Milton Keynes, MK11 3LW, UK
UKHW012340130625
459647UK00009B/419